强力消除
拖延症

**REMOVE
PROCRASTINATION
EFFECTIVELY**

席跃◎作品

人民日报出版社

目录
CONTENTS

PART ONE　99.9999%的拖延，都是因为怕

002　是恐惧阻挡了你的路
006　拖延意味着失去一切
011　克服逃避心理，积极地应对挑战
015　选择越多，困惑越多
021　培养意志力，战胜拖延症

PART TWO　学会时间管理，轻松掌控自己的生活

028　你对时间的安排，决定你的未来
034　定一个目标，不再重复昨天的生活
039　告别拖延，有效进行时间管理
045　所谓没时间，只是不会利用时间
050　时间是海绵里的水，正确压缩才更有效率

PART THREE　现在就开始，拒绝拖延症

058　此刻，就是最好的时机
062　合理分配时间，优先办理重要的事情
068　精益做事，让未完成变为已完成
075　分解任务，找到核心区域
080　专注，比持续行动更有效

PART FOUR　建立自律习惯，复制成功者之路

088　不断设计"难度挑战"，是学习的第一步
095　开放性看问题，专注地做事情
103　多等待10分钟，让好感受越来越久
112　持续而反复，一次又一次校正选择
117　保持独特性，就是坚持的最大动力

PART FIVE　知识变现，如何学习才更有效

126　精简学习内容，达到更好效果
134　不要成为信息的搬运工
141　找到中心点，你就能成功与世界联机
147　向自己提问，比找答案更有效
154　把学到的知识，转换成自己的价值
159　让知识变成体系，发生巨大的化学作用

PART SIX　你是在拖延，我是在思考

168　掌控思想，给大脑来一次断舍离
176　提升维度，无解的问题才能解决
183　多系统层级，避免低层次的努力
190　思考有它自己的样子

PART SEVEN 优化努力方式，找到正确提升自己的方法
200 站在哪里，决定你能成为谁
209 长板与短板，突破最重要
214 任何努力都需要迭代
221 兴趣，是不痛苦学习最好的老师

PART
ONE

99.9999% 的拖延，都是因为怕

◇是恐惧阻挡了你的路◇

你有过因为害怕而放弃去做某件事的经历吗？或者怕被拒绝，害怕做不好惹他人生气，害怕承担的责任过大，还因为未知的因素，让你不敢尝试。假如你有这些问题，那说明恐惧阻挡了你前进的道路。

在生活中，有些人迟迟不愿意做决定，不愿意完成重要的任务，其原因是他在潜意识中，害怕失败，讨厌不成功带来的结果。因此，不去做则是安全的，至少能对未来抱有幻想。

你可能会问，迟迟不去完成任务，难道不是一种失败吗？确实是，但很多人就是无法走出这种心理带来的影响。如果你也正在被恐惧影响，你可以在做决定的时间里，多问一问自己，到底在害怕什么？列出你害怕的可能性，并找出最让你恐惧的理由，然后才能勇敢地面对自己的恐惧。

◎ 如何消除恐惧

当自己能列出恐惧的理由时，基本上就找到了消除恐惧的答案。但有时候，不断地告诉自己"没必要害怕"，或者"不去做，更要承担失败"，这种鼓励自己的方式并不奏效。一旦恐惧感失控，便会出现在不应该恐惧的事情上而产生恐惧。你并不恐惧自我鼓励，但鼓励久了不奏效时，也容易对鼓励产生恐惧，因为每一次鼓励而不去做本身，会让你变得更加沮丧。

既然恐惧无法彻底消除，就只能在内心接纳恐惧感的存在，当你无法完成重要任务时，至少你是可以忍受的。相比之下，排除了焦虑、沮丧的心理，才能留给自己更多的时间来面对恐惧。

在这种情况下，应对恐惧最好的办法，就是以柔克刚，利用对手的力量来克制对手，从而达到转败为胜的目的。当恐惧感由内心升起一股巨大的力量，不妨在这股力量中切开一个小口子。

方法是，与自己的恐惧来一场对话：

自己："我很害怕，在你面前我觉得自己像个傻瓜。"

恐惧："如果是这样的话，那你最好什么也不要干。"

自己:"可是,我需要做重要的事,是你阻挡了我的去路。"

恐惧:"此路是我开,此树是我栽,要打此路过,留下买路财。"

自己:"你要什么财?多少钱?"

恐惧:"根据你的能力,给到我满意为止,去做吧,为了买通我的财。"

自己:"我该怎样做?"

恐惧:"管他怎样做,只要去做,做才能生财……"

每次与自己的谈话,最终都要回到"去做"上。而当下要做的事,是为了打通恐惧这条路,你的注意力将全部放到这件事情上,而并非与恐惧做斗争上。随着意识的转变,恐惧就变成了一种推动性的力量,让你只想不断地寻找方法,而不是借口。

◎让恐惧爆炸,彻底铲除

不是任何人都能顺利地与自己的恐惧谈话,毕竟,即使心理专家也无法治愈自己的心理疾病。当你无法与它对话时,接下来能做的就是让它发酵爆炸,从内心彻底铲除。

当然,这也是一次对话,只不过从引导自己去做,变为了让它膨胀。

你要问自己，假如不能战胜恐惧，最糟糕的结果是什么？一事无成、找不到工作、交不起房租、流落街头、没人照顾，甚至饿死自己……情况可能并没有想象的那么糟，但如果迟迟不去做，时代的车轮总能把人碾压在后，那时，可能就真的饭碗不保了。

当自己把事情想到最坏的时候，一旦最坏的部分没有发生，剩下的将会是"好事情"。接受了好结果，慢慢自信心就能培养起来，恐惧就会变得渺小。

什么事还能比饿死街头更令人恐惧呢？所以，并非恐惧很吓人，只是暂时你还没有遇到更坏的事情罢了。这种态度上的转变，也不是一瞬间能完成的，但只要朝这个方向努力，慢慢就能把恐惧从内心彻底铲除。

◎ 学会控制自己的思想，远离负面情绪

很多人说："人不能控制自己的思想。"其实，人可以控制自己的思想，只是无法控制大脑。一切事物与情绪都来自大脑，能否控制它们在大脑中的运行就变得十分重要。不能克服负面情绪，无法对大脑下达任务指令并确保它服从，那么就不能真正改变生活，因此能控制自己的思想，是改善负面情绪的首要任务。

想要改善负面情绪，每天早晨起来的第一件事，便是厘清自己的思想。你可以将注意力集中在一件事物上，不管是什么物品，一支笔、牙刷、牛奶……这时你会发现，你根本无法集中精力，陈年旧事、负面情绪、工作上的事等，全部在大脑中涌现出来。你无须为此而烦恼，也无须动脑筋想到底该怎么办，只需要观察它，任由它来，任由它走就可以了。

人的思想都很散乱，不静下心来根本不会发现，你只有不断地观察它，每天花时间保持静心的状态，负面情绪才能逐渐平静下来，慢慢你心中不再有杂念，就能控制自己的思想了。

注意力集中到哪件事物上不重要，重要的是让大脑和心平静下来，在一片平静的内心深处，既没有好情绪，也没有坏情绪，但当你提起一念好情绪，便能远离负面情绪。我们往往很少思考，更没有真正思考过重要的事、幸福的事，以及前进的方向。当你不断思考正能量的事情时，便能感受到这种喜悦，并对自己的行为做出调整。

◇拖延意味着失去一切◇

有的人习惯在最后一刻爆发，释放自己的能量，完成重要任务。这对于没有时间概念的人来讲，可能没什么，但如果你制订了完美计划，在执行重要任务时总是看手机、收拾书桌，就是不肯行动时，你便得了拖延症。

一封不到最后一刻不肯回复的邮件；不到最后一天不去处理的文件；书桌上不积满厚厚的灰尘便不打扫……种种问题，你想过拖延带来的后果吗？

◎ 拖延意味着失去一切

小时候，都有假期写作业的经历。有的孩子，会在放假后前几天把作业集中写完，而有的孩子，则会拖延到开学前几天才开始写作业。他们在最后几天里，开足马力，彻夜不眠不休，往往也未必能如期完成。

整个假期，总有几个写不完作业的小孩。试问，他们真的没有时间吗？当然不是，他们极早地患上了拖延症。而我们在工作中也是如此，领导要求我们一定时间内完成某项工作，可因为迟迟不肯行动，导致工作最终未能如期完成，尽管有时能够做完，却因来不及修改调整，工作做得并不理想。领导不满意，你心烦意乱，委屈难过，长此以往，后果可想而知。

因此，在一件工作最开始的时候，便要冷静地考虑清楚拖延的后果是什么，那便会感受到事情的严重性。你要知道，很多事情并不会因为拖延而自动消失，而是早晚都要去做。与其如此，何必不早早完成？

为了杜绝拖延发生，在接到任务时，首要考虑的不是"要不要做""什么时候做"，而是"到底该怎样做"，既然早晚逃不过，拖延只会增加问题的难度，为什么还要付出更大的代价拖延呢？并且，当任务没有执行时，这件事会一直萦绕在你的心头，并加大工作量。一件事，早做与晚做并没有多大区别，但晚做带来的影响将会不一样。某位职工想要老板给自己加薪，但一想到提出这个要求便会紧张，于是，把提出要求这件事推迟到了第二天。等到第二天，当他再想起这件事时，不仅想到老板会不高兴，还会想到老板因此可能会辞退他，紧张感并没有消失。换句话说，拖延不仅会让事情越来越糟，在心理上也要承受巨大的压力，而他每想一次，压力就会出现一次，难道这些重复的痛苦，还不能让你行动起来吗？

◎ 拖延有风险，面对须谨慎

生活中琐碎的小事，或许影响不大，但如果面临的是一项重大的活动，或是拿到重要的项目时，你真的能承受拖延带来的风险吗？如果你计划好在最后几天内完成，恰巧那几天身体出现意外怎么办？或者接到了新的任务又该如何？当你一直拖延，直到最后临近截止日期再行动时，你会发现时间根本不够用，结果只能随便敷衍了事。

有些人可能会说："我就是喜欢在最后一刻完成工作，写完论文，只有在截止日期临近时，我才能感受到压力，并提升自己的效率，那样我相当于节省了时间，并没有遭受损失。"

在他们看来，三天能完成的事，用最后一天的时间来完成，确实节省了时间，可是理性分析一下自己的工作习惯，便会发现强压力带来的严重后果。他们必须在最后一刻，确保自己头脑清醒，并且每次都要达到最佳状态，否则任务将失败。

写一篇论文、完成一项重要工作，本身并不难，困难的是为了写论文，你需要花时间查阅资料，斟酌自己的想法创意，如果时间不够，便不得不省略这些工作。时间有深与浅，那么工作同样有深与浅，最后一刻固然也能完成，但总归达不到应有的质量与深度。

试问，每次高负荷完成一项工作后，是否筋疲力尽，思维变得模糊，几天内都无法展开工作呢？这并没有节省时间，反而花了大量时间调节自己。

◎ 拒绝完美主义

很多人有完美倾向，这在拖延中起了很大的作用。一个写作的人，因无法写出满意的作品而变得拖延；一个策划，因创意不够完美而迟迟不肯行动；一张画，因构思不够完美而不肯下笔……事实上，任何一件事，都需要不断地积累，这就像一场马拉松比赛，可能刚开始落后于人，于是纠结到底要不要跑完整个路程，于是被落下得更远。这时，你遥望终点，越来越感到绝望，甚至想要放弃，不过脚步却又不肯停下来。与其如此纠结拖延，不如跑过一个又一个小目标，那时你也许会发现，最落后的人并不是你，甚至因为努力而取得了不错的成绩。

完美主义者的拖延，看重结果，而非努力过程，更关心脑子里的想法和情绪，而不是正在做或要做的事。从心理学角度讲，过于关注自己的情绪与结果，是不懂得推迟满足感的表现，就像小孩子想要一个玩具，就非得立刻得到一样，这种做法削弱了一个人的自制力，慢慢降低满足感和幸福感。

完美主义者并没有错，但在完成任务方面，则产生了巨大的障碍。因此，你必须要明白，任何一件事都是不断完成积累后的结果，没有谁一开始就是完美的，没有任何一件事一开始是完美的，它更像一件雕塑，只有在你的不断打磨完善中才能走向完美。

从心理上根治拖延的对话：

拖延者说："我还是等等吧。"

你说："我现在立刻去做。"

拖延者说："这个任务太大了。"

你说："每天完成一小步，将来就是一大步。"

拖延者说:"这个我无法做到完美,无法做到心中所想。"

你说:"我只是一个平凡的人,没有最完美,只有更完美。"

◎ 转化拖延情绪小方法

某导演说过:"人想要做一件事,身体首先反对。"且不说人会疲惫,就算在不疲惫的情况下,也会忍不住拖延。但如果你实在累了,不想去完成某项任务,但又忍不住焦虑,不如花上半个小时或一个小时,想一想要做的任务,并把细节在大脑中完善好,这样在执行时,便能提升效率,节省时间。

任何改变,即使朝着好的方向发展,往往也会伴随着缺点与困难。如果你认为,思考完半个小时就等于完成了工作,那你就大错特错了,不得不说,战胜拖延还需要强大的意志力,这也是一种自我塑造,相应地,时间越长,收获越大。如果你愿意改变,愿意从微不足道的努力开始,一切都有可能。

◇ 克服逃避心理,积极地应对挑战 ◇

在人性的弱点中,人们习惯把厄运当作难以逾越的障碍。可是,人的一生中总会遇到这样或那样的困难,甚至天大的灾难,有些人会无所畏惧、百折不挠,将苦难视为一种考验,积极地面对;而有些人遇到困难,会畏惧退缩,抱怨,逃避需要承担的责任。

一个习惯逃避的人，也会做出目标和计划，一方面计划本身有很高的价值，能满足他的自尊心；另一方面他还会给自己提供一个逃避去行动的借口。一般常见的逃避的借口共有六种，你不妨逐一对比一下，看看自己经常使用哪种借口。

◎ 逃避的六种借口

1. 放纵自己，做喜欢但不重要的事。购物、读书、运动……只要是与计划无关的事，统统去做，而真正重要的事，则用其他事情代替，作为无法行动的借口。

2. 社交活动。拜访他人，约朋友见面，跟朋友视频聊天等，用社交作为借口，称不得已才去应酬。

3. 阅读。那些还没来得及看的书、杂志，以及其他不值得读的资料等。有些人愿意花两个小时去阅读，找借口说自己充电学习，也不愿意去做计划内的事。

4. 做全部的事。自己宁可打扫卫生、查资料、帮别人解决问题，或做与自己无关的事，以此找到"忙"的借口。

5. 做不需要你做的事。为了逃避重要的事，有的人会帮别人工作；与朋友交谈时间过长；过度监督员工或下属；忙着帮上司打印报告；重新整理办公桌。

6. 做梦。计划成功以后该如何度过；幻想中了500万元大奖会怎样；为还没完成的工作操心；想着加薪后要去哪儿吃一顿；反复琢磨看到的笑话。

逃避的借口本身并没有错，恰恰相反，生活中很多乐趣均来自于看到一个笑话、阅读、做白日梦等。可当你以此来逃避1类目标时，就相当于没有真正地工作。而有些借口，可能更加微妙，像你要写一份文案，因逃避写文案本身，而找借口查阅资料等。看似在为工作而忙碌，实则很可能花了大量时间在细节上，始终不肯触碰工作的核心。

◎ **承认你在逃避**

有些逃避借口，像读书、交友、运动等，很容易让你相信，你在进步并没有逃避。不过，看一下你列下的清单，这些排在了1类目标，还是2类目标，就看出是否浪费时间了。有些人总抱怨自己在某件事情上迟迟不成功，却根本不去查找内因，反而把一切推给外界因素。

因此，当你内心深处开始抱怨，不肯去做核心任务时，必须告诉自己："我在浪费时间"，可能最开始，还是会找借口，但慢慢会意识到自己偏离核心任务太远，便开始去做与核心任务相关的事。

在行动上，建议把每日设定的目标分割成更小的任务，在时间上也进行分割，减少任务的难度，同时，选择黄金时间处理核心任务，能充分保证专注度和积极的态度。最开始的时候，你可以做核心任务简单的部分，减少任务难度，更有利于长期坚持下去。

◎奖励自己，保持热情

当你把时间切割成更小的时间段，并能完成后，不要忘记奖励自己。每日的小奖励可能是吃一袋零食，看一部电影等，成本无须太大。当你能持续完成核心任务一段时间时，可以奖励自己吃一顿大餐，阅读心仪已久的书，或者来一场旅行。重要的是，把平常最想做的事，尽量放在完成核心任务之后再做，变成你的小奖励，这样才能有持续的动力完成任务。

还有一种保持热情的方法，是提前感受胜利的滋味。你已经完成一半任务，为了激励自己，可以提前预订机票，给自己放个长假。想到自己即将旅行，就能对工作保持应有的热情。

另外一种方法是，把工作当成游戏。如果你的核心任务是提升文案的质量水平，你不妨跟自己做游戏：挑战自己的打字极限；把好玩、好笑的段子写进文案；把纸条上的词语写成文案等。换个角度去工作，会更有意思，更加好玩。

◎静下心来想一想

当你尝试完所有的方法，都无法克服逃避的心理后，这时你可以坐在椅子上，什么也不做，放空自己。不阅读、不看电影、不做运动，仅仅是静静地坐上15至20分钟。当你没有再逃避的借口后，暂时的空坐会让你感觉不安。时间在一分一秒地流逝，而你什么也做不了，自责感油然而生。

你明明可以用这段时间做更多的事，可是你什么也做不了，这便是对自己小小的惩罚。你可以问一问自己："此时，你觉得可惜吗？感觉如何？如果还想逃避的话，那就继续惩罚自己吧。"

逃避，最重要的是你有了借口，不过现在你已经没了借口，不出10分钟，你会站起来立刻开始工作了。

◇选择越多，困惑越多◇

据社会学家研究，现代人一天需要处理的信息量，是宋朝人一生需要处理的信息。网络的发达、多元化，看似给人的选择越来越多，实则给人们带来了巨大的痛苦。当人变成选择的奴隶，便没了快乐可言。今天，我们不得不面对一个问题：选择太多到底该怎么办？我们如何保证自己的选择是正确的呢？

管理学和心理学大师詹姆斯·马奇在《决策是如何产生的》一书中写道："对现实世界中决策的研究表明，并不是所有的备选方案都是已知的，并不是所有的结果都要考虑，并不是所有的偏好都在同一时间出现。"很多时候，我们做选择只是粗略地审查信息，简单地思考一番，便认为做出了最明智的选择。然而，真正的选择并非这样简单，它是一套更为深层次的思考方法，也就是利用适当的工具，对各个选项从不同的角度进行深入、细致的分析，综合之后才是最终答案。

然而，普通人并没有这样的能力，于是在选择中处于天然的弱势。克服该弱势最好的办法是使用维度分析法。

所谓维度分析法，是把选择对象分解成不同的维度，分别对不同的维度做出评估。这个方法在职业选择时十分受用。你可能会觉得，每一个人在择业时，都会从不同的维度考虑问题，薪水的高低、前途、环境、尊严等，事实上，这些思考把隐性的问题显化了，只有小部分人才会深入缜密地进行思考。

◎ 维度分析法的具体步骤

以择业为例，假设你现在有四个不同的工作机会，每个职位都有不同的优缺点，一时难以选择时，该怎么分析呢？

第一步，重新定义问题，想一想你到底为什么要工作，以及你想在工作中得到什么。金钱、价值、技能的提升，还是其他，并把原来四份工作机会中的"到底该选择哪个"问题，改为思考"这是否能帮助到我，完成我的目标"。

第二步，既然重新定义了问题，那么工作特征也会发生改变。在择业时，薪水、未来发展、价值与尊严都会被考虑进来，但需要考虑的其他因素还很多。在职业咨询专家金树人老师的《生涯咨询与辅导》中，列出了"职业价值"，可以帮助我们补充考虑不到的因素：

1. 冒险：工作充满挑战，需要冒险；

2. 权威：在职场中，需要用自己的权威控制别人；

3. 竞争：工作中难免与人竞争，自己是否能够应付；

4. 创造性与自我表达：工作需要你的创造力，做你想做的创意，说你想说的话；

5. 弹性时间：可以自主地决定工作时间；

6. 助人：能帮助别人；

7. 收入：未来能够赚大钱；

8. 独立：拥有自主权，决定做什么和怎样做；

9. 影响他人：工作中自己的意见、决定能影响到他人；

10. 智性刺激：工作需要深度思考与推理；

11. 领导：在工作中，有机会成为领导、管理、指导、监督他人；

12. 户外工作：工作地点不拘泥于办公室；

13. 说服：工作带有说服人的性质，能说服他人行事；

14. 劳动：工作是否需要体力劳动；

15. 声望：工作能让你在他人面前有地位声望；

16. 公共关注：工作是否能带来名气，获得关注；

17. 公共接触：工作能与公众人物接触；

18. 认可：工作能让自己得到认可，成为公众人物；

19. 研究：工作中能研究并发现新东西，然后应用它；

20. 例行性：工作有固定的流程，无须经常改变；

21. 季节性：每年只在固定的时间工作；

22. 旅行：工作是否需要出差，是否有团队旅行奖励；

23. 变异性：工作职责是否经常更改；

24. 照顾小孩：工作中是否会照顾孩童；

25. 手部操作：是否需要手语，涉及手部工作；

26. 机械操作：是否会运用到机械操作、设备操作等；

27. 数字运算：是否运用概预算、统计学或数学。

另外，像工作中是否有培训指导，晋升空间如何，是否有工作餐补助，团队氛围是否和谐等，也要纳入考虑范围。

第三步，是在这些因素中进行筛选，按其重要性对此进行打分（-5分~5分）。在打分过程中，一些不重要的，或者看不懂的，可以打上0分。而那些不是你想要的部分，则打上负分，像手语、数字运算等如果不是你喜欢的，就是负分值。

在择业的过程中，自我的价值判断非常重要，哪一项对你来说最重要，则要划为第一项。如果你想才能得到发挥，那么对于"创造性与自我表达""公共关注""智性刺激"等方面赋予较高的权重。而有些人十分有贪欲，既想个人才能得到发挥，又想拿到高薪、减少劳动、成为领导，要知道，鱼与熊掌不可兼得，在此时，你必须要厘清，什么对你来说是第一重要的事。

第四步，把四份职业的分值分别相加，分值最高的职业，则为最佳选项。

不过,维度分析法并非适用于所有选择情境，尤其是情感、业余爱好等主观意味较强或复杂度过高、涉猎面过广的情况。做这些选择时，可以多问自己一些问题，然后再做出选择。像感情的选择，一个女生面对两位追求者，到底该选择谁呢？

你可以用老办法来做出选择，就是把对方的优缺点因素写出来，列到一张纸上，把做决定的积极原因写到一边，消极的原因写到另外一边，最终选择项目多的一方即可。

如果还是无法做出选择，可以多问一问做出这项决策后的结果，再做考量。

选择后，可能出现的结果是什么？

什么样的结果不太可能发生？

如果不选择（1或2），可能会发生什么样的结果？

如果选择与其正好相反的结果是什么？

长期内收获的结果与短期内收获的结果各是什么？

◎ 直觉也是一种选择

研究发现，有些人的直觉十分准确，凭感觉做出的选择，比理性考量后做出的选择更令人满意。这主要是因为，第一直觉做出的选择，往往是人们最想要得到的答案。而众多假设面前，一个人大脑在最清醒时，最多容纳5至9个不同的想法，而一个问题复杂到其影响因素为7个及以上时，头脑便容不下了，这时最好的答案便是靠直觉。同时，这也是为什么在面对选择时，最多只问自己五个问题的重要原因。

不管你用什么样的方法做选择，最大的选择权一定要在自己的手中。如果你被迫做出选择，或遇到无法控制的状况，你即使自己选对结果，内心深处也不会舒服。但是，当你意识到自己已经努力了，并从中吸取经验，日后便能获得满意的决策。

◇ 培养意志力，战胜拖延症 ◇

人们用大脑判断思考问题，但最终解决问题的还是行动，换句话说，是持续的行动。每个人都知道"有志者，事竟成"，但并非人人都做得到，需要你有足够的意志力才能把事情做好。不过，我们要先知道，什么是意志力。词典上解释说："控制人的冲动和行动的力量。"这句话中，最关键的词语是"控制"和"力量"。你越能控制自己的行为，则越能表现出强大的力量。

不过，想要培养意志力，首先必须要知道，为什么每次坚持一段时间就会失败呢？只有找到根源，才能找到方法。

◎ 为什么自己会失败

很多涉及意志力的文章，往往会帮你设定一个目标，然后告诉你如何完成目标，然而，如果人人都能按照步骤实施，那今天肯定会出现大批成功者。事实并非如此，多数人会丢掉文章，继续原来的生活。研究表达，越是自认为意志坚定的人，反而越容易受到诱惑。减肥者最容易吃大量食物；运动健身者最容易偷懒赖床；戒烟者最容易坚持一段时间后再次吸烟……这是为什么呢？其主要原因是，他们只记得自己要坚持完成一件事，却没有思考清楚，自己将受到什么样的诱惑，并如何抵御诱惑。我们不仅要知道自己在做什么，以及为什么这样做，同时还需要知道，在做这件事情前我们还需要做什么，这样才能三思而后行。否则，自控就是一句空话。

在培养意志力之前，先要有更多的自我意识，明确什么样的决定需要意志力。像"下班后要读20页书"，当你把书装在包里时，很可能在回家的路上就已经开始阅读了。但如果你吃饱饭，又刷了一会儿手机，人懒惰成疾，意志力就会变得薄弱，很容易放弃阅读了。这时，你应该把你的失败原因记录下来，回想你的意志力到底为什么变差了，哪个地方在消磨着你的意志，哪些事物在分散着你的注意力……想清楚这些问题，就能找到失败的原因，并加以改正。

◎ 想培养意志力，多做一些练习

大多数人在培养意志力时，经常会犯一个错误，总是急于求成，想一口吃成个胖子。像是做好一份计划，恨不得第一天就坚持三个小时，可能前几天因为有新鲜感确实能保持住，但如果出现身体疲劳，或者意外事件，便会中途放弃。

而那些能长期坚持的人，则会循序渐进，慢慢地取得进步。研究表明，学习一项技能时，如果学习者刚开始能够顺利完成，那他坚持下去的可能性就会大大提升。马克·吐温在解释如何做到克己自制时说道："关键在于每天去做一点自己心里并不愿意做的事，这样，你便不会为那些真正需要你完成的义务而感到痛苦，这就是养成自觉习惯的黄金定律。"因此，进行意志力培养时，可以从简单的任务做起，在时间上也无须太长，然后逐渐增加任务的难度，直到完成最困难的任务为止。

一般情况下，开心愉悦地做一件事时，无需意志力，但你需要意志力的时候，往往会发现它的存在，如果想要驯服它，首先要直面它。也就是说，你需要有足够的耐心慢慢引导它，让它听从你的话，直至完全驯服它。最开始，当你不想坚持时，你可以告诉自己"再坚持五分钟"，我想坚持五分钟做到并不难。接着，第二天当你不想继续时，依然可以告诉自己，再坚持五分钟，当五分钟的坚持变成习惯，你可以将时间慢慢拉长。

◎反向培养意志力

当你没有意志力时，你会转而去做其他事情。玩手机、看电影、逛街、读书……如果实在不想做1类目标任务，那么，你可以尝试延长其他事情的时间。推迟十秒钟拿起手机；等上一分钟再打开电影；逛街时少去一家喜欢的店……或者，当你想玩手机时，可以先阅读十分钟。接下来，尝试延长时间，通过这种方式，可以减少娱乐时间，经过一段时间的练习后，你可能能够丢掉手机，以及其他娱乐项目了。

◎ 运用自己的力量

与自己对抗时，最怕因做不到而产生焦虑。就算没有做到，也要鼓励自己，激发自己的动机，充实动力源，在精神上保持振作的状态，这样才能随时进入下一场自我斗争中。贾金斯法则认为，你只要抱着"我希望自己能成功"或是"我希望自己能成为首屈一指的人"，就一定能找到好方法。贾金斯博士还说："睡眠之前留在脑海中的知识或意识，会成为潜意识，深刻地留在自己的脑海中，并可转化成行动力。"

找到了自我鼓励的力量，接下来便要对自己进行深刻的认识，想一想"过去的我"怎样，"现在的我"想要做些什么，"未来的我"是不是一个善于坚持的人。思考完这些问题，可以将答案记录下来，并着手去行动。现在的你，要肯定自己，比如对自己说"我可以做到""我现在就能做到"等。

◎ 无论结果如何，尽力都是一种成功

当你打算每天花时间尝试努力做一件事时，虽然未必一定能成功，但至少提升了成功的可能性。很多人一生都在避免损失，而非增加收益，但他们并不知道，犯错、失败有时也是一种节约时间的有效方式。因为不断尝试，才能知道哪些方法行不通，从而丢掉不切实际的目标，转而投向能完成的目标。一旦你开始这么做，便是找到了走向成功的一种方法。玛丽·居里夫人、亚历山大·弗莱明，以及其他伟大的科学家，也都经历过成千上万次的失败。任何一个人，很难在短时间内立刻改掉自己的坏习惯，好习惯的养成需要时间，有时甚至是一两年，但如果你愿意每天朝着目标迈进，无论结果如何，都比大多数人成功许多。

PART
TWO

学会时间管理,轻松掌控自己的生活

◇你对时间的安排，决定你的未来◇

无论什么时候，时间都是一种最宝贵的资源。上帝很公平，给予每个人同样的时间，可因为对待时间方式不同，每个人的生活和成就也就千差万别。而一个人怎样对待时间，决定了他将成为一个怎样的人。

提到时间规划，难免让人想到，那些凡事井井有条，让自己忙个不停，甚至把午后喝一杯咖啡的时间也精打细算的人。其实，一个人一生的时间有限，没有必要一点空闲时间也不留给自己，把自己变成密集而又无法停歇的鼓点。因此，学会时间规划，更好地掌控时间，还能让神经处于放松的状态，这才是最好的时间管理。

一个人到底如何管理时间才能更有效呢？

◎ 态度要够郑重，做事要专注

时间利用是一件极为个人、私人化的事情。随着年龄的增长，事情越来越繁忙，人们本该越来越进步，可在对待时间上，却越来越戏谑，越来越游戏人生。试想，有多少人在工作的时候，想着电脑里的游戏；打游戏的时候，又想着自己该看一本书；看书的时候，又想着要不要打磨一门手艺……

守不住现在，也无法指望掌控未来。时间不能专注和郑重地利用，即使花一万个小时深耕一个专业或手艺，也不如专注郑重地做五千个小时。兰迪·扎克伯格在《社交的本质》中说："注意力是一种资本……现在比你出现或者身在何方更加重要。事实上，注意力已经被赋予了价值。"

关注当下，关注现在，就是对时间最好的利用。提到最专注的人，我能想到的就是孩子。你可能会问，为什么会是孩子呢？我想，你问一问孩子的父母，他们一定会有同感。当我们还是孩子时，每次做游戏一定是全情投入，忘记环境、忘记时间、忘记周围的一切，眼里只有当下手里的玩具，或者正在做的游戏。这种专注，即使环境嘈杂，也不会影响其对游戏的热情。

由于孩子对世界了解不多，他们总会问出千奇百怪的问题,什么"恐龙灭绝时会不会难过""蚂蚁会不会写字""蜜蜂也管妈妈叫妈妈吗"之类的,这些问题一问出来,根本无法第一时间找到答案。可是仔细去研究,却发现孩子的问题又是十分专业的课题。表面上,孩子的问题千奇百怪,实则他们十分严肃,很想了解与探索。

与其关注时间的流逝,不如专注于现在,而时间管理也并不只是减少动作,把时间全部放到工作与学习上,那些"看表式"的机械方法,未必真正有效,只有守住本心,专注于当下,知道事情的轻重缓急,才能把事情做好。

◎ 场合不同,时间视角不同

做事专注,态度郑重,是很多成功者的经验。在现代心理学领域,则有着不同的见解。斯坦福大学著名心理学家菲利普·津巴多提出了"时间视角"的概念,表示人们对过去、现在与未来的不同态度。在这个概念中,他根据不同的时间视角将人划分为了五种:

第一种是积极过去视角:这种视角的人,习惯用积极的心态看待过去,他们是怀旧的,经常怀念过去那些美好的事情,把亲情和友情看得很重,对已经拥有的东西,怀有一颗感恩的心。不过,这类人群很容易因沉浸在过去,而忽视当下的快乐时光。

第二种是消极过去视角：这种视角的人，习惯用消极的心态看待过去，他们回忆过往时，往往会记得那些负面经历，沉浸在以前的伤害中而无法自拔，在心理上也是最容易出现问题的一群人。

第三种是享乐主义视角：这种视角的人，会用享乐的心态看待当下，把及时行乐当作第一要务，他们不回首过去，也不展望未来，一切只是为了尽情地享受当下。这类人群，幸福指数较高，但很容易做让人上瘾的事，比如，吸烟、酗酒或暴饮暴食等。

第四种是宿命论视角：这种视角的人，用宿命的观点看待当下，他们认为现在发生的事任何人都无能为力，一切不过是命中注定，自己只能顺从和忍受外界环境的变化。

第五种是未来视角：这种视角的人，习惯往前看，为未来做出谋划与计划，他们具有高瞻远瞩的目标，也关注有待完成的目标和任务。为了完成未来目标，他们愿意做出牺牲，舍弃当下的享乐，把时间更加高效地利用起来。因而这类人群，最容易取得成就，但因为过于关心未来，所以对当下基本上没有什么幸福感可言。

每个人看待事物都有不同的角度，用不同的角度去观察，就会得到不一样的结果。然而，无论是谁，只要站在一个角度看问题，就必然会出现缺点，所以最好的办法就是采用多种角度看问题。比如，采用积极过去视角、享乐主义视角和未来视角，如果能在三者之间找到平衡，则能减少消极的过去视角和宿命论视角。在现实生活中，这三种视角有时不是固定不变的，而是要因需而变，根据不同的场合选择不同的视角，但是必须要提升自己，保持多视角观察事物的能力。

那么，在什么样的场景下选择什么样的视角最合适呢？

在工作中，最好的视角是未来视角，因为大多数工作更注重远期的计划，强调执行力度和效率，用未来视角能够让工作有条不紊地进行下去，让当下的行动满足于工作目标，时间利用也更加有效。

相反，如果下班回到自己家中，是否还需要为工作操心，为明天开的会而做准备呢？其实，大可不必。在私生活的时间里，应该放下工作，享受生活带来的乐趣。如果这时还采用未来视角，就会让自己变成工作机器。而时间管理，不仅仅是为了提升工作效率，还需要让生活变得更加美好。因此，非工作时间，享乐主义视角更为适合。

与家人、朋友或恋人在一起时，积极过去视角最为适合了，很多人只有逢年过节才能聚到一起，这时无须与他们探讨明年的工作计划，也无须讲当下的生活，最好能在一起讲一讲过去的事，曾经与家人和朋友一起度过的时光。

◎ 通过现在，掌控过去与未来

另外一位研究时间视角的心理学家林德沃提出，具有平衡时间视角的人，在内心会有一种"延伸当下感"，即可以"从当下来审视过去"，也可以"视未来存在于当下"，包括了"过去"和"未来"。

这种视角，既不否认过去，也不漠视未来的当下感，与享乐主义视角有着明显的差别，它显示了一个人对于时间的尊重和责任感，即以更加严肃的态度来对待时间。为此，林德沃提出了对待时间的十条建议。在这十条建议中，我给它加以解释，能使你更加明白如何操作：

1. 生活在当下——做事专注投入于当下，不瞻前顾后，不患得患失；

2. 严肃地对待时间——时间是不可再生资源，过去了就再也不会回来。因此，需要思考时间赋予我们的价值并利用好它；

3. 留意自己拥有的空间并享受它——利用好空闲时间，享受当下生活，不要在空闲时间还在想工作的事；

4. 反思自己和其他人的时间视角——每个人视角不同，要认识到自己与他人时间视角的差别，并换位思考；

5. 从现在出发联结过去——因为有了过去，所以才有了今天的自己，过去仍然有意义；

6.并不完全沉浸于过去——过去虽然有意义，但无须花时间长期沉浸在过去中，更重要的是现在；

7.制订实现目标的计划——没有计划，就没有行动，未来视角让我们的行动更加有序；

8.平衡计划和非计划时间——随机和不可预见的外界因素随时影响着我们，生活也不能完全按计划实施，平衡计划与非计划，找到两者之间的平衡点；

9.视未来存在于当下——未来并非指遥远的一年后或十年后，很有可能是下一秒，下一个月；

10.对未来保持积极的态度——未来难以预测，但当下的努力是为了未来更加美好。因此，积极地面对未来才能更有行动力。

◇定一个目标，不再重复昨天的生活◇

每个人拥有的时间是平等的，那么你想用有限的时间做些什么呢？你的人生目标是什么？准备如何度过今后五年的生活？假如六个月后出现意外，又该如何度过……

如果你现在把这些问题写下来，立刻能明白自己真正想从生活中得到什么，你的人生也会重新被赋予意义。每个人几乎都思考过自己的人生目标,但大部分人并没有真正写下来,而是停留在了大脑里。而有些目标,本身就比较模糊,比如旅行、读书、学习等,虽然规定了每天付出一两个小时用来进步,但是只有把目标写下来,才能变得更加具体清晰,从而让你对目标产生新的认识。

一个人的目标多种多样,每一个目标都必须完成,在众多目标中,如何进行排序,确实是一件令人头疼的事。而站在不同视角的人,也有差别。

◎ 两种未来视角的差异

在未来视角下,心理学家又把它分为"近期未来"和"远期未来",以五年为临界点,五年或五年以上的目标,为远期目标,低于五年,则为近期目标。据心理学家里伯曼和特普的研究,这两种未来目标的人,因视角不同其心理特征也不相同。

远期未来视角的人,更倾向于抽象思维,用概括的方式去思考。比如,一个人在刚开始写作时,可能会定下摘下某文学奖的远期目标,但这个目标过于遥远,是抽象的,他甚至不知道该如何定义作家,也不知道该怎样努力成为一个作家。他之所以定这样一个目标,是因为这个目标够远大,能满足他人生价值的期许。所以,远期未来视角的人,在想法里只有目标而缺乏细节，把主要思考放到了价值和意义上，而并非在如何行动上。

而近期未来视角的人，更倾向于思考具体的情境，想的不是要做什么，而是如何去做。同样是一个学习写作的人，近期未来视角的人，想到的是如何提升技能，学习什么样的方法能把一篇稿子写好，如何才能发表等，同时还会跟编辑交流沟通，以便于提升自己。但是对于长期未来视角的人，这些反而不是最重要的。

两种视角的人，各有利弊。而我们落实到现实中，不仅要有远期规划，更要有近期的战术。因此，在排序时，可以将远近期目标结合起来，一方面规划价值和意义，另一方面着重于眼前的事情，多考虑实施的步骤，这样才能完成长时间的跨度，最终实现自己的目标。

◎ 如何解决目标冲突

远期与近期未来视角，可以概括生活中的方方面面，而生活和工作中，大部分问题都是由两种目标冲突不一致而造成的。一个人的理想是成为一名策划师，这是一个"远期未来"目标，这个目标意义非凡，但由于过于抽象很容易产生拖延，遇到实际的阻碍。例如，想要做一名真正的策划师，需要五年时间，而现在一切才刚刚开始，面对遥远的五年，可能会觉得打一会儿游戏不算什么，看几部电影也没有什么问题，于是产生了目标阻碍。在这种情况下，不断强调远期目标的意义，无法解决任何问题，还有可能加大"远期目标"和"近期目标"两者之间的冲突。

那么，该如何解决这个问题呢？

一方面，远期目标只是一个规划，或者战略，而生活中的每一步，则更讲战术。如果减少强调意义和价值，把近期目标放到第一位，则更有利于目标的实现。也就是说，应该多思考实现目标的具体做法，思考到底该如何行动。另一方面，站在近期未来的角度，为了让行动更加有效，可以采用较为"极端"的方式，将娱乐的电影、游戏等，彻底从电脑里删除。可能有人会觉得，这样做不恰当，不是要轻松地生活吗？没错，但是要知道，工作时间，制定订了计划，就该严格实施，要重于当下。当你休闲娱乐时，才是尽情享乐的时间。

你或许会觉得，这样做没有效果，游戏删除以后可以重新下载，电影可以重新找到。是的，但是当你反复删除和安装后，这种简单的动作会变得浪费时间，也较为麻烦，为了更加便利，很可能就不会再下载，从而提升了实现目标的可能性。

除了拖延以外，其他方面也会产生冲突。提升技能、运动、培养健康的生活习惯等，都可以使用这个方法。长期来看，价值和意义都不容置疑，但是应该将如何行动放到更重要的位置，不然目标又会变成一个空壳子。

再比如，你想要完成硕士论文，拿到硕士文凭，在学习时钻研论文虽然会面临种种挑战，但整个过程也会收获巨大，如果中途放弃，自己也失去了锻炼的机会。但现实是，很多人贪图一时之乐，只是报名，从此再也不会翻书或偶尔想起来了才会翻几页。要想处理好两者之者的冲突，一般可以采取以下两个策略：

1. 远期目标注入10%的精力，近期目标注入90%的精力，使目标更加具体化、情境化，以便实施行动；

2. 降低近期目标非完成性，必要时采取"极端"手段，主动挑战难度。

◎ 排序小技巧

拿出你的人生目标清单，在生活、事业、工作、学习等方面，用一分钟的时间，选择出三个最重要的目标，并在这三个目标的前面写上1，列为第一要实现的目标。当与次要目标发生冲突时，以第一目标为主。

随后，选出三个次要目标，并在次要目标前面写上2，随后再选出第三位重要的目标。

当然，你还可以根据年限来进行排序，三年目标和六个月的目标，哪一个更重要，则在前面写上1，当与次要目标发生冲突时，以第一位的目标为主。

列完清单，基本上已经完成了初步的目标陈设，大致明确了自己到底要做些什么。必要时，每过两个星期，可以对目标进行修改，因为在实际行动中，遇到的困难和挑战可能很长时间才能突破，因此修改目标时间跨度，也是必要的工作之一。

不过，这种修改，最好重新列到另外一张纸上，过段时间重新对比两者时，你会得到完全不同的结果和感悟。而且，你还可以在第二次修改时，添加一些新的信息，方便自己行动时更加便捷。

人生目标是动态的，应该根据实际情况加以更新。而每个人随着年龄的增长，也在不断成长，目标也慢慢发生了变化，这些都不要紧，重要的是行动部分，只要一直在路上，就总能走到终点。

◇告别拖延，有效进行时间管理◇

每个人每天都要做决定，甚至每时每刻也在做决定。从小，老师告诉我们要学会合理利用时间，可是对于当下的时间利用，又总是不那么充分，甚至有些浪费，换句话说，一直在原地踏步。

不知道你有没有感觉到，时间在一点一点地往前走，而我们的生活、工作、事业却总是止步不前，一直在重复着昨天的生活。上班、下班、打游戏、看电影……今天与昨天没什么不同，今年与去年也没什么不同。人人都说，要学会合理地利用时间，可是又没人知道到底该如何合理地安排时间。简单地说，合理地安排时间，就是不再重复昨天的生活，把时间花在重要的事情上。

◎什么样的事值得做

一件事情值不值得做，可以从两个方面来考虑：一是这件事的收益大小，这个收益包括能力的提升、情感的获得，也可以是身体、物质层面的收益；二是这项收益随着时间的衰减，它的影响是否较为持久。

在生活中，我们更喜欢对自己影响较小的事，只有这样的小事我们才愿意坚持下去。用打游戏来举例，玩游戏时，产生的愉悦是任何事情都无法比拟的，但游戏一旦停止，这种愉悦感会瞬间消退，所以很多人为了再次感受到愉悦，很想再玩游戏。这也是游戏迷人的重要原因之一。

除此之外，当下流行的搞笑类综艺节目也是如此。一个个搞笑的小品节目，能在一定的时间内给我们精神上的放松，遇到好玩的，观者也会大呼过瘾，可是节目一旦结束，会立刻感觉到失落，继而，等待节目更新，或者寻找相同的节目，并把时间花费在这类很花时间但影响较短的事情上。

我们的生活、事业和工作学习，大多事情都是如此，不过，能够多个角度衡量一下，可以组合成四类事件，这些事件能准确判断出哪些事情值得去做。

1. 高收益，影响时间较长：爱情、文凭、持续学习等，都是高收益，但需要持续地付出时间。

2. 高收益，影响时间较短：购物、玩手机、聚会、看电影等。愉悦度高，但影响时间短。

3. 低收益，影响时间较长：读一本书；弹一段琴；练一小时书法、重复练习一个技能等。此类收益低，则是指需要相当长时间的付出，才能获得收益，而且需要每天坚持。

4. 低收益，影响时间较短：漫无目的地看朋友圈；给他人的帖子评论等。基本上没有收益，事情做完了几乎也没有影响。

◎ 少做低收益的事

反观自己，可能会发现，我们平时做得最多的，最喜欢做的，反而是高收益影响时间短和低收益影响时间短的事。我们最不想做的事，反而是那些高收益影响时间长和低收益影响时间长的事。

因为不想做影响时间足够长的事，导致我们每天都在过着重复的生活。尽管我们有强烈进步的愿望，但只要遇到影响时间较短的事情，总能很快说服自己去做毫无意义的事，然后，不断地重新开始。即便影响时间较长的事，每隔一段时间做一次，但依然在重新拾起，重复着往日。

但是，如果能够持续地做影响时间较长的事，收益和效益则会持续叠加，哪怕每一次进步微乎其微，但只要付出的时间足够长，这个收益就能持续增长下去，成为未来获得成功的基石。像读书，每读一本书，可能过段时间就会淡忘，但随着阅读量的增加，之前看过的知识在大脑里留有印象，只要再读新书，就能随着阅读量不断提升认知。

可是，社会节奏越来越快，人们越来越追求功利，使得现代人根本不会静下心来做有用的事。不知不觉，已经陷入了"选择无能"与"执行无能"中。

选择无能：到底要用哪一个APP；看哪一本书；学习哪一种技能……在众多选择中，人们犹豫不决，不敢轻易下决定，因为每一次选择都意味着要花掉时间成本、金钱，以及其他资源的消耗等。

执行无能：执行无能并不是指自己没有能力去执行，而是明知道要去做重要的事，但就是不去做。一个越是看上去重要的事，对于很多人来说，内心的恐惧越大，他们怕失败，怕坚持不下去，怕坚持本身的痛苦，于是就得了拖延症。

因此，想要改善这两种病症，必须要做到以下两点：

1. 不去关注收益值，只关注时间的长短，给自己的思维做一个转化，慢慢适应这种变化。

2. 做好一件事，与这件事是否"高大上"无关，重要的是做好。那些不重要、不紧急，但是长期受益，或者影响时间较长的事，仍然可以去做。

不过，需要明确一点是，时间的长短因人而异。就像有些人读书，是为了获得快感，享受故事里的乐趣，而有些人读书是为了进步，两者对于时间的影响完全不同。而一些技能的提升，有些人对于绘画是天生的兴趣，在绘画中感受到快乐与平静，而有些人则是为了找到不可替代的核心竞争力。于个人而言，识别自己的长时间影响，比复制他人的学习模式更加重要。

◎ **做对决定，做你想做的事**

我们总认为，自己的事情自己能够做主，但在公司里，能做主的是老板和领导；在家庭中，能替你做决定的是父母；在交友中，往往朋友影响着你的决定……每个人都想帮你做决定，想要分配你的时间，你很难不被他人影响。但你必须要明白，真正的决定者是自己，你可以选择接受他们的意见，也可以拒绝他们的意见。当然，这并不意味着，上司让你做这件事，你想做另外一件事，而拒绝上司。而是，你要给自己足够的自由。在上司安排的任务里，你可以选择如何去做，如何把它用自己的方法完成，因为你对自己擅长的事做起来更得心应手，因此也能帮你省出大量时间。

在影响你做决定的阻碍中，有以下几种原因是无法避免，但要尽量思考清楚的：

1. 习惯。每个人都有生活习惯、工作习惯，当出现的事情违背你的习惯时，你会更加倾向于选择自己不要打破这种习惯。因此，一件事与习惯有冲突时，你必须要分清自己是因为拖延、懒惰才决定逃避，还是此事真的对你毫无益处。

2. 他人的要求。每个人身边，总有几个"我为你好"的亲戚朋友，甚至上司也会对你提出要求，如果你轻易答应了，这件事未必是你想做的。所以，此时你必须理清，到底是为了你好，还是想要对你提出要求。

3. 逃避拖延。工作的事，总想着最后一刻完成；提升技能，一拖再拖就是不肯去做；有语言障碍急需跟人交流，却逃避不肯走出家门。逃避和拖延是舒服的，但最终一事无成的结果却让人不舒服。舒服是一枚硬币的两面，你只能站在其中一面。

4. 冲动。每个人都有一时冲动的时刻，可能是购物，也可能是去看一场演出，或者来一场说走就走的旅行。冲动并没有错，但要考虑清楚需要承担的后果，任何一时之爽，都是相当长时间的不爽换来的。

5. 等待。我们有时会面对被迫等待，等待上菜，等待朋友的到来，等待一段爱情的出现。这看似毫无选择，但所有的等待都有时间成本，你不能选择拒绝等待时，可以选择减少等待的时间成本。用等待的时间读一段文字，思考一个问题，胜过刷手机浪费时间。

一个人很难时时保持理性，但每次冲动或者做出决定时，可以多想一想后果，这样才能让决定更加有效和理性一些。虽然每个人也会犹豫不决，迟迟不愿意做出决定，可这并不是一种最好的状态，不是吗？要知道，尽早做出决定才能节省时间，做好时间管理。

◇ 所谓没时间，只是不会利用时间 ◇

时间不够用，是很多人最爱说的一句话。人们一边抱怨事情做不完，一边打着游戏，玩着手机。"没有时间"是最常用的口头禅，有时是真的忙到没时间，有时是逃避事情的借口。历史学家帕金森说："工作会自动膨胀，直至占满所有可用的时间。"

在庞大的社会群体中,每个人都扮演着各种各样的角色。时代的洪流,把人们推着往前跑,变成了疲于奔命的机器。家长、孩子、工作的年轻人,都恨不得与时间赛跑,在社会中占得一席之地。在与时间赛跑中,人们不断地想要更多,得到更多,逐渐陷入了欲望的泥潭,等幡然醒悟时,一生就这样过去了。

◎ 传统的时间管理,让时间不断加快

时间有一套自己严格的规则,规范着我们的生活,每个人按规定的时间上下班、吃饭、睡觉、休闲等。当一个人在有限的时间里,做出了大量成绩时,他的时间运用法则成了人们效仿的对象。于是,时间管理应运而生,成了今天热门的学问。

众多的时间管理方法,教我们如何设定目标,如何分解任务,如何实现目标,如何提升自己,如何提升工作效率……照着这些方法操作,确实能起到一定的作用,但却忽略了心灵层面。即时间管理让时间越来越快,而我们过得却越来越不开心、烦躁、压抑。

时间管理,只是对表面问题实施干预,并没有解决我们生命中最主要的问题。其后果是,时间管理较为科学和理性,从道理上要一直遵守下去,在感性的部分却开始排斥这类科学,人们越来越想从构筑的管理牢笼中挣脱出来,深深地喘上一口气。

我们想要获得成功,提升技能,最根本的是这些能带给我们快乐,而时间管理恰恰剥夺了这种快乐。另外,每个人都无法预估未来不确定的意外事件,而意外事件总是不断发生,打乱了原本制订的计划。当计划不能按时实施,人们又会陷入深深的自责当中,而这种自责本身会消耗大量的时间。由此可见,传统的时间管理,并非完全科学。

所以,时间管理虽然能有效提升工作效率,对技能的提升有一定的帮助,但是依然会让自己觉得时间不够用,外界的变化也会让人变得敏感而暴躁,甚至为了与时间争分夺秒而心力交瘁。

◎快与慢,要智慧运用

一首曲子,节奏上有轻重缓急;一本小说,情节中有闲来之笔;一个人的一生,除了工作还有生活和娱乐……而我们要做的,是从常规的时间管理中跳出来。正确的时间管理,应该让生活变得更有节奏感,有快有慢,有张有弛才好。哈佛大学教授李欧梵在《人文六讲》一书中写道:"现代人的日常生活应该有快有慢,而不是一味地和时间竞赛。什么叫有快有慢？用音乐的说法就是节奏。如果一首交响曲从头至尾快到底，听后一定喘不过气来，急躁万分。所以一般交响曲都有慢板乐章，而且每个乐章的速度也是有快有慢的，日常生活上的节奏和韵律也应该如此。"

李欧梵教授让自己慢下来的方法是，每天抽出一点时间去"面壁"，在一个私人空间里，倾听自己内心深处的声音，让心中的不同的"自我"交流和对话。而另外的事情，像工作、看邮件、写报告等，则是用时间管理的方法，越快越好。也就是说，生活要慢，工作要快，不同的场合使用时间的方法不同，这样才能平衡好自己的生活与工作。

不过，当下很多人经常犯的错误，便是工作中有生活，生活中有工作。在工作时，聊个天，购个物；在生活时，又忙于加班、应酬等。

那么，什么样的事要快，什么样的事要慢呢？

那些要快的事：日常工作，技能的提升，家务等体力劳动，简单的任务，购物之类的事。

那些要慢的事：与朋友聚会，与家人一起度过闲暇时光，读一本书，每日的思考，工作上的酝酿过程等。

◎ 时间维度的深与浅

时间不仅有快和慢，还有深和浅。随着娱乐业的发达，人们花在闲暇娱乐上的时间越来越多。在没有电视的年代，人们到了晚上，不是早早睡去就是秉烛夜读。而今天，电视、网络、手机，不断占用着人们的时间，甚至工作时，还会刷微博、朋友圈、回复消息。但奇怪的是，人们反而觉得自己闲暇的时间在不断减少，一想到古时候，就觉得悠闲。为什么会出现这样的情况？

这涉及了时间的深与浅。当你拿出手机时，娱乐带给你的满足感，大于从事一项专业技能提升所带来的满足感。玩手机时，你还可以聊天、吃零食、听音乐，我们并没有觉得投入了时间；而在学一门技能，像绘画、写作等创作活动时，则必须全情投入，甚至进入忘我的状态。所以，闲暇时的放松并不取决于时间的长度，而取决于时间的深度。当你进入忘我、忘记时间存在的状态，也能从中获得极大的满足感，而这种满足感带着某些提升，在"闲暇"时保持了进步。同样的时间，后者则进入了深度的运用。

想要保持这种深度的休闲状态，必须要把这项技能当成爱好，并长期执行下去。安娜·玛丽·罗伯逊·摩西，被亲切地称为摩西奶奶。她27岁嫁人后，以刺绣乡村景色为乐。直到76岁因关节炎不得不放弃刺绣，才开始学习绘画。在绘画的过程中，她感受到了极大的乐趣，并全情投入到了绘画的业余爱好中。随着画技的提升，她的作品在当地展览，她的女儿将她的画带到镇上的杂货铺里。某一天,陈列在杂货铺的作品引起了艺术收藏家的兴趣,收藏家将作品带到纽约的画廊展出,使摩西奶奶的画引起了众多画商的注意,摩西奶奶也因此成为全世界的励志女性。

美学家朱光潜先生说:"做学问,做事业,在人生中都只能算是第二桩事。人生第一桩事是生活。我所谓的'生活'是'享受',是'领略',是'培养生机'。假若为学问为事业而忘却生活,那种学问和事业在人生中便失去真正意义与价值。"朱光潜先生所说的生活与享受,并非我们常规中认为的看电视、刷手机,而是"领略"和"培养生机",像摩西奶奶那样,因为喜欢所以全情投入,因为全情投入,所以闲暇时间从某种程度上讲,也代表了一种"事业"。这便是事业与生活获得平衡最好的答案了。

◇时间是海绵里的水,正确压缩才更有效率◇

大多数人每天的活动内容并没有做好充分的时间规划。像那些习以为常的穿衣、吃饭、交通、起床等,这些活动内容平常你不会考虑它到底花了多少时间,事实上,它们却占用了你大量时间,很多人一生都在为这些事情忙碌,却在工作和重要的事情上挤时间。

如果你感觉自己已经为生活、家务忙得不可开交了，想要解决时间问题，你需要暂时放下那些重要的目标，重新规划时间，让时间得到合理的利用。俗话说："时间是海绵里的水，挤挤总会有的。"真正的挤时间，未必一定要从重要的事情上挤，而把生活细节的时间安排好，才能正确压缩提升效率。

◎ 如何为1类目标挤时间

在纸下写下人生目标时，提到了1类目标。为了让其他事情为1类目标让路，我提出的规划方式之一是：日程安排。不过，这里所指的日程安排，并非简单地排序时间，像什么时间参加会议，什么时候见客户，什么时候回复邮件等，而是为了1类目标，能更好地平衡工作与生活的时间。

当你在制订一周计划时，必须要为1类目标安排出足够的时间。每个星期安排出固定的时间，完成重大的项目（周一或周二，用来做重要的事等）。假如，在规定的时间里，需要处理琐碎的事情，这时尽量保证不影响主要目标，在其他时间里，必要的琐碎工作，则可以按需完成。

如果你每天为处理1类目标活动，你可以固定一个时间段（晚上9点或10点）来处理这件事，在这个时间段里，其他的事情将为1类目标事情让路。最开始时，时间不用很长,当你能静下心来好好做事情时,这个时间段可以随能力而加长。

根据我的经验,许多人在固定的时间做固定的事,很容易中途放弃,因为他们觉得这样做实在太麻烦了,而且有时无法进入状态,状态好的时候,很可能在忙其他事务,导致灵感一扫而光。起初做起来,确实会让人极为不舒服,可是当每天用固定的时间做固定的事情时,你身体的生物钟也会跟着慢慢调节,时间久了,固定的时间就会变成你的习惯。

◎ 找到属于你的黄金时间段

每个人生理基因不同,因此在压缩时间时,还需要了解自己的黄金时间段。在精神状态最好时,做最重要的事则能事半功倍,在状态不好时,用来读书、休闲则能修身养性,实在是完美的搭配。

每个人身上都有两种黄金时间,一种是内部黄金时间,另外一种是外部黄金时间。

在内部黄金时间里,精神状态可以达到最佳状态,工作起来也更加有效率,不同的人内部黄金时间段也不相同,有人上午精神饱满,有人下午或晚上精神状态最好。而每个人的具体内部黄金时间,则可以每日观察,不断摸索,总能找到规律。

而外部黄金时间段，则是指外部资源，一般是指人力资源，那些能帮你做决定，回答你提出的问题，或者为你提供信息的人。比如你打算请假，必须要向老板报告，而你抓紧时间向他请示，就是外部黄金时间。而对于推销人员来讲，出门推销的时间，则是与客户见面的时间，也就是最佳的外部黄金时间。在这个时间段里，客户大多在办公室里，很容易就能直接找到他们。

对于外部黄金时间的利用，最重要的一点是，你一定要确保能见到这些人，所以提前预约、保持顺畅沟通，是十分重要的功课。不过，多数人不太擅长站在对方的角度考虑问题，外部黄金时间往往会出现意外，当你的时间与他人时间发生冲突时，意外就这样发生了。为此，站在对方的角度考虑问题十分有必要，这样能摸准他的时间，将自己的时间消耗降到最低。

◎ **不可以放过过渡时间**

前面提到，生活中有很多时间被忽视了，为了将时间压缩，我们应该找到那些被忽视的时间，像过渡时间。

什么是过渡时间呢？

早晨起床睁开眼，一直到坐在办公桌前工作的这段时间，为一个过渡时间。对于多数人来说，这段时间通常为40分钟，有些人能把时间缩短15分钟。在这种情况下，有时延长一下时间未必是件坏事。你可以利用延长出来的10分钟，反思一下当天要做的事，并做好合理的安排，则更能提升一天的工作效率。

在其他方面，也要学会有效利用过渡时间。有些人在坐地铁时背英文单词，进行阅读；在刮胡子时，听一首散文诗；在喝咖啡时，进行头脑风暴，等等。

◎ 打破帕金森定律，提升效率

当计划列在纸上，并给每个计划规定了相应的时间时，大多数人会在规定的时间内把这件事完成。通常，一件事决定做两个小时，那么一直到一个小时五十分，依然会在案头埋头苦干，非要等到最后一秒不可。

事实上，这种做法会让人变得懒散，不断拖延，以为完成了固定时间段的工作，就等于时间得到了有效利用。正如帕金森指出的那样，大多数情况下，人们会选择通过延长工作所必需的时间来应付工作。既然如此，为什么不提前把事情做完，用余下的时间享受私人时间呢？要知道，最重要的是在规定的时间内把事情做完做好，而并非必须用固定的时间来完成。如果能提前完成，你会得到强大的满足感，也不会因此而感觉到疲劳。

◎ 没必要把日程排得太满

意外时不时地在发生，所以安排日程时，如果太满则无法留出弹性时间处理意外事件。如果预期任务没有完成，会导致接下来的任务工作也无法按时完成。这时，你就会感觉到沮丧、焦虑，甚至无法睡个好觉。

意外时间，包括接电话、待客、查看手机信息等，这些琐碎的小意外，都会占用你的时间。经验告诉我们，这些小意外会让你变得拖延，打断你原定的计划。所以，每一段时间安排里，一定要留出10至15分钟来处理那些意外。

另外，如果你当天约了客人，假定与客人见面预估为1个小时，我建议最好能预留出半个小时来，这样接待完客人后，能留给自己一小段时间，把前期没做完的工作做完，或者查收邮件回复信息，也可以考虑如何开展下一项计划。这样，你不会在客人走后，因时间不够而焦虑。

时间安排没有弹性，就会感觉自己被时间牵着鼻子走，自己的生活、工作被时间所控制，心情变得紧张，生活也毫无生趣。相比之下，在压缩时间的同时还能留出弹性时间，则能感觉到自己在控制着时间，每天的工作和生活也不会因为心情紧张、焦虑、烦躁而受到影响。

PART THREE

现在就开始，拒绝拖延症

◇此刻,就是最好的时机◇

人生目标帮你看清楚了自己的理想与未来,然而,所有理想的实现无法脱离现在。经常听到有人问:"我现在做还来得及吗?""我现在学习是不是晚了?"事实上,无论什么事,只要开始做了,你的价值就会不断被加码,变得越来越厉害。

不过,如果你认为只要把目标写在纸上,并做好规划,就等于靠近理想,那你就大错特错了。没有谁,在不努力的情况下就能获得成功。现实可能令人沮丧、忧伤,然而,只要行动起来了,一切就会变得越来越容易。

◎只要开始,就在此刻

开始行动,说起来简单,但在未开始之前,跨出第一步却十分困难。有些越是简单的小事，反而越容易不肯行动。拿我一个朋友来举例，就会知道有多难了。

朋友刚结婚的时候，家务全由老婆做，下了班他就打打游戏、看看电视，老婆也对他没有什么怨言。他一直以为，老婆没有怨言，就等于老婆的家务做得很轻松。直到有一天，老婆病倒，需要做一个手术时，他才知道老婆有多么不容易。

在他老婆生病的那段时间里，他请假在家照顾老婆，为了保证她的营养，他逼自己学会了熬汤做饭。可是，在不被"逼迫"的小事里，他却一点也不肯行动。洗碗、打扫卫生、洗衣服等工作，他则能拖就拖。衣服穿完一轮，他才启动全自动洗衣机；盘子和碗全部用完一遍，才肯洗刷；而家里的桌子、地板，他几乎从未擦过……

朋友说："我快被生活逼疯了，我现在特别佩服我老婆，明明不想干的事，还能逼自己干，真了不起。"

每个人的内心都有懒惰、恐惧和侥幸，还会附带上各种各样的借口，在本该行动的事情上，树立起了重重无形的阻碍。明明一分钟就可以解决的事情，非要拖延几天，让该做的事情越积越大，大到再也没有勇气下定决心去做。相应地，记忆负担、情绪负担和人际负担也会明显加重。这些隐性的心理成本，也影响着我们的生活质量，以至于重要的目标，也会变得拖延起来。

吃完饭，每天保持洗碗的习惯，不会感觉到多大的压力，但十几天洗一次碗，则变成一项重大的工作。与人生大事相比，小事情造成的心理负担也不容小觑。

因此，先把生活中的小事处理掉，才能让我们有积极和从容的心态应对更大更重要的事。

在此问题上，没有好的开始方法，唯一能做的，就是现在、即刻就开始做。这就像一个人站在游泳池的边缘，无论池子中的水多么冰冷，你只要跳下去就可以了。如果你觉得，可能等一分钟、一两天也没什么，但不得不说，这种做法会浪费生命中许多碎片时间。但这些时间，在此之前是完整的。因此，明天去做、下周去做，都没有什么不同。

想要开始行动，一定要提防自己的热情，谨防一开始承诺过多。先解决完一件小事，形成习惯以后，再去解决更多的小事比较好。否则便会因时间不够用导致自尊心和自信心丧失。

当然，这也并非说，所有的事情都必须即刻行动。有些事情并不像洗碗、洗衣服那样简单，那些牵扯方方面面的事情，本身就无法在短期内解决掉，因此列入计划中，花时间有层次地解决会更好。

◎着重1类目标，删除不重要的工作

生活中，有许多事情没必要去做，它们不像洗碗、做家务那样是日常生活中必做的事务。当你很用心地列出许多目标后，会发现有太多的事情要去做，而你的时间又远远不够。这时，你必须要为自己的目标安排出先后次序：在目标清单上，分析每一个目标，并问自己，在接下来七天内，这个目标是否重要。如果答案是"NO"，则应该暂时删除这些目标。

在勾掉这些目标时，无须给出具体的原因，也不要因为它与某些重要的事相关，而舍不得删除它。你的目标是工作获得晋升，当下的重要的行动是技能、专业上的提升。你可以着手去做技能上的事，也可以读书学习保持进步，在两者之间的取舍中，你可以问自己一周内是否要在技能上有大幅度提升，如果是的，则应该舍弃读书时间，暂时以提升技能为主。

删除不重要的工作后，接下来你才能保证有大量时间完成重要的事。你的时间排得很满时，觉得时间不够用、拖延、心理压力大，当你接下来的十几个小时只为技能提升时，你很难不开始。

而对于那些需要创意的工作，构思可以立即做起来，甚至与其他事情同时进行也未尝不可。你可以在洗碗、拖地时听有声读物或音乐等，给自己的创意寻找灵感；也可以在洗澡时，大脑里构思创意，把点子逐步完善。所以，对于复杂的工作，当你只运用体力劳动时，你便知道，思考的时刻到了。

有人说,做事需要天时地利人和,等到最佳时机出现,才能事半功倍。这当然有一定的道理,但所有的好时机一定离不开平时的积累,前期的努力,以及证明自己的能力。因此,在没有机会时,更要开始行动,即刻积累自己,等到机会来临时,才能抓住它。

与其等待,不如现在就开始。一位网友问:"30岁才开始学习编程靠谱吗?"另外一位网友回答这个问题时,说:"种一棵树最好的时间是十年前,其次是现在。"

在每天有限的24小时中,要完成一项重大目标,我们提前开始,才能避免早期失败,固然大器晚成也不错,但每天的微小成功与进步,不是能让每一天都过得更有意义吗?

所以,从今天开始,保持微小的进步与成功吧,这是一条最重要的行动法则。

◇合理分配时间,优先办理重要的事情◇

人们常说,做人要讲先来后到,事实上,做事也有先来后到。当你做好了长期与远期的排序后,时间上也总要有个规划,这样能有时间做更多的事。而排序的秘密实际上也没有那么复杂,不过是列一张清单而已。但此清单非彼清单,掌握好了技巧，你才能离成功越来越近。

◎日程安排清单是每天的必做功课

无论是明星，还是商界企业家，或是各领域的大人物，他们有一个共同点，就是有一份"事务清单"。当他们晒出某天的日程安排时，我们才知道原来他们那么忙。而很多人，这份清单大多在脑子里，生活的安排也无非是起床、上班、吃饭、下班……觉得没有必要再列一份清单。不过，处于顶端的人与处于基层的人，二者之间的区别恰恰就在这份清单上：前者不仅列出重要事务，还能够坚持每天去做，并提前完成任务，做尽可能多的工作；后者则是把任务列出，之后就把它放到一边了。

要想很好地利用"事务清单"，第一步，最好能把当天所有需要完成的任务写到纸上，或者写到手机备忘录里。这些事务包括日常工作、学习、娱乐等。第二步，对清单上的事务进行筛选，并写上时间，预估多长时间做完此项任务。第三步，在当天非常重要的工作上，画上特殊记号予以提醒。

接下来，你可以再想一想，哪些工作可以委托给别人，谁做这份工作能够尽快地完成，或者找到他们给你提出节省时间的建议。

安排好日程后，你就可以根据实际情况来执行了。当你每完成一项工作，可以将此项工作从清单中划去，然后继续做接下来的事务。等到一天事务全部忙完，你能清晰地看到，哪些工作没做，哪些工作拖延了时间，哪些工作做得十分顺利。在此基础上，你会突然发现，原来你大多数情况下，不可能完成所有的工作。

你只有每天坚持列清单，才能意识到自己到底哪里犯了错误，在哪些地方浪费了时间，由此，才会开始寻找优化时间的方法。

◎ **给事务排序，优化时间**

仅仅意识到错误是不够的，最重要的是修正自己的行动，确保事务清单全部执行。在做事情时，有些人会安排好清单上的次序，先做重要的事，而有些人则是自上往下做，直到一天的工作全部完成。不过，就算你经常完成这些内容，依然会觉得自己很累，或者效率不高。出现这种情况，往往是因为没有意识到哪些任务特别重要。要想避免这个问题，你要拿出清单，根据事情的重要性，给每件事标注上次序，而不是依照时间顺序一直往下做。

当然，你也可以根据事情的重要性，在清单上标记出不同的颜色。比如，红色表示最重要的事；橙色为次要的事；黄色表示可做可不做的事……

这样，即使重要的事可能在下午做，但你看到不同的颜色，就知道自己到底要付出多少精力了。虽然事情并没有减少或增加，但精神上的张弛有度，胜过扁平地把一件件事情做完。

当然，针对大部分无法完成每日任务的人，也有一些小妙招：

你可以把当天的 1 类目标，与 2 类目标，及 3 类目标，写到不同的纸上，然后先去做 1 类目标事务及 2 类目标事务，这样你就能清楚地知道，去做 3 类目标事务时，可能就是在浪费时间。

另外，你还可以用不同的方式制定清单，给任务分门别类：约朋友、给客户打电话、参加会议等，与人交际的事务列到一张清单上；阅读、看电影、打球、运动等休闲娱乐列到另外一张清单上。当你集中做完某张清单上的事，很容易知道接下来是否要安排娱乐项目了。

◎ 即使无法完成工作，也不要焦虑

有些人，即使把所有 1 类目标列到一张纸上，也有可能无法按照预期完成，更不要提 2 类和 3 类目标了。但是，你一定不要悲伤，列清单的目的，并不是让你逐步去完成，而是帮助你更好地利用时间，清楚明白地知道自己到底完成了

什么，为什么时间被浪费了。当你意识到，自己有大量时间被浪费，并找到了浪费的原因时，便会更加懂得珍惜时间。

你的每一个小进步，都表示你完成一个小任务，这能让你获得巨大的成就感。试想，某一次完成当天的全部任务，是不是有一种酣畅淋漓的畅快感？你是否觉得自己信心倍增，做什么都更有把握了？

随着你的进步，逐渐能完成全部 1 类目标后，2 类目标也逐渐走入你的生活，接着休闲娱乐也就开始了，这时就可以一边按时完成工作，一边好好地享受生活了。

从另外一个角度看，当你连 1 类目标都无法完成时，你也能看到离理想的生活，到底差着多少步行动。不过，通过完成更多 1 类目标，并尽量减少 3 类目标时，你所取得的成就在结构上也会发生根本的变化，这才是成功的开始。所以，即使无法完成 2 类及 3 类目标，也不要因此而焦虑，一切只是刚刚开始而已，重要的是能够一点一点地去做，减少与 3 类目标的差距。

◎怎样才能做更多重要的事

我们生活中，许多重要的事并不是一成不变的。你的终极目标，可能是想做一名画家，但你应聘到一家公司，眼下设计是你必须要掌握的技能，因此技能的学习于当下来讲，比做一名画家更重要。随着工作年限的增长，你可能慢慢地要学习文案、与客户沟通的技巧等技能了。因此，我们重要的事并没有因为做好一件事而减少，而是一直在更新自己，做着与绘画无关的事。那么，如何才能做更多重要的事呢？

事实上，重要的1类目标，慢慢会变成2类目标，甚至3类目标。试想，最开始学习设计时，一定会花大量时间在这项技能上，那么绘画则会变成2类目标。当你能逐渐掌握设计的技巧时，设计上所需要花的时间，也会逐步减少，只要保持正常的进步与知识的更新就好。此时，绘画变成了1类目标，设计则变成了2类目标。而一个新的技能需要投入大量时间时，该技能是你的第1类目标，绘画是第2类目标，而设计只要用休闲娱乐的时间，保持更新行业动态即可，它则成为了3类目标。

在学习及应用时间管理技巧时，最开始应该以五分钟为限，观察你的时间到底是如何利用的，这样你才能清晰地意识到时间的分配模式。一旦你能不拖延、不走神地利用整块时间，就可以不用考虑这个问题了，除非你想继续提高自己的时间管理技能。

善于利用时间的人，会为自己安排许多1类目标，他既不会花时间考虑，到底该先完成哪一个，也不会在某项1类目标上追求完美。相反，他们每天按时完成好几项1类目标，并告诉自己,一旦明确了任务计划,只要现在去完成就可以了。至于是否要做到完美,不把事情做完谁又能知道呢?

◇精益做事,让未完成变为已完成◇

有时候,一个时间管理的方法,未必来自于时间管理经验本身,很可能来自于其他领域。这就像写一篇文章与想一个创意,往往能从其他领域获得灵感。如果你热爱观察生活,其实生活处处是智慧。就像如何精益做事的方法,来自于"精益创业"这个概念。

精益创意,是当下互联网创业最流行的方法之一。它有一个关键概念叫作"最小化可行产品",它是指使用最少资源、用最快速的时间制作出来、可执行基本功能、能被用户使用的试验性产品,创业者需要做的是,尽快地把最小化可行产品发布出来,然后根据用户的反馈进行优化,这一过程被称为"构建——测量——学习"的循环。如果没有构建具备可行性的最小化产品,就无法被用户测量,因此也无法得到反馈,验证产品是否能赢得用户的喜爱,不知道用户的喜好,就无法基于反馈来学习,于是,该产品只能游离于市场之外,闭门造车,最后很可能因无法成功与市场对接而导致失败。

精益创意的主要价值,是在动态市场中,找到一种可操作的适应市场的方式。它打破了传统的生产流程与构建出精致的成品理念，表面上看起来，这种做法十分草率，但我们当下应用的许多产品，就是这样应运而生的。

不过，应用到时间管理上，我们如何制订出正确的计划呢？即便计划已经做到完美无缺，又如何保证一两年后它还是正确的并适应新形势的变化呢？在精益创业中，它解答了这些问题，能让我们的行动在一步一步向前迈进的过程中变得不再呆板，并用反复实验和获取反馈的方式了解是否适应新形势，通过迭代完成我们的最终计划。

◎每个人都应该有一个"最小化可行产品"

在人生的航线上，每个人都会遇到未知、无法确定的事，虽然我们的计划里，已经避免了意外，但意外还是会发生，猝不及防地打断现实的节奏。更糟糕的情形是，原本制订好的计划，实施了一半因无法预料的困难而放弃。假如使用精益创业的方法，我们就有机会避免这种问题发生。

想要避免这种问题，我们每个人必须找到属于自己的"最小化可行产品"。

不过，在找到问题之前，我们必须要知道"产品"的概念是什么：

1.产品不是一个过程，而是结果；

2.产品不是素材、原料的堆积，而是把这些材料进行结构性的重新组合与组织；

3.产品不是创业者或制作者私密的东西，而是一个要拿出来与他人分享和检验的东西；

4.产品能让人受益，对世界产生影响，并创造出一定的价值；

5.产品不仅是一种"物品"，还是一种媒介。

有了对产品的理解，再来理解个体化的"产品"时，很容易就明白了。你在某公司工作的经历、经验不是产品，但基于在公司的工作经历、经验写成一份报告，便能成为一种"产品"；报名学习一个课程，课程内容不是产品，但根据课程内容学到的技能再创作，创作出来的东西是"产品"；阅读一本书，书本身不是产品，但根据对这本书的了解，阐释出自己的感悟并写出文章，算一种"产品"……

你可能会觉得，这些产品过于小，过于简单，不能算作真正的"产品"。可是我们必须要知道，因为小，因为简单，所以才能成为个体"最小化可行产品"。这些小产品，能展现你的才华和魅力，你把它投入市场，让读者对此进行评价与反馈，然后你就可以继续写出更加深入人心的作品。许多插画师，在微博上晒出自己的单张插画，在评论与反馈中，慢慢形成自己的风格，并在不断迭代过程中，吸引了越来越多的粉丝，出版商基于市场考虑，为插画师发行了自己的绘本，这便是由小产品到大产品的演变。

因此，当你明白了"最小化可行产品"之后，便可以开始行动了。这件事并不难，只要在迭代中不断进步，就能"用大头针换来别墅"。

◎ 没有最好，但请先准备好

人性中的懒惰，让我们很多人没有"往前一步"，因此，生活中许多事都是"未完成"状态。而我们要做的恰恰是，让这些事情变成"已完成"，并形成习惯。

我们有时候也并非懒惰，而是从小的教育形成了"未完成"的思想。一个人从小学到大学，再到硕士、博士，最终才走向社会开始工作，而这一切的努力与成长，都是为了最后投入到工作中那一刻。我们用了差不多20年的时间做准备，而学习、做题、完成作业，都不过是为了这项"准备"在做着练习，所以我们一直是练习状态，从来没有创造出过"产品"。假如，一个小孩子提出去公司工作的请求，我想任何一个人都会觉得不可思议。为什么？因为他还没有足够的见识、处理工作的能力、与人交往的能力等。但如果真的把一个孩子放到社会中，让他在工作中学习某项技能，并试着与同事相处，日后他未必不是一个人才，未必没有竞争力，可是没有人这样做。

所以，我们即使在一个专业上像个孩子，没有把自己优化到最好时，也应该先着手去做，并一边进步一边适应社会，虽然一开始确实会得到许多不好的反馈意见，摔得鼻青脸肿，但这样反而能进步更快。

没有人能做到最好。试问，拿到博士后的文凭，真的已经在工作中做到最好了吗？并非如此，假如他没有工作经验，依然要在工作中重新开始，并花时间学习。每个人都有顾及不到的问题，也有能力上的短板，因此就要一直不停地准备下去吗？当然不是，而是要准备好，从当下即刻开始去做，只有你做出了实实在在的东西，你的思路才能不断调整，提升能力上的短板，减少问题的发生，并在市场中得到锻炼，好过闭门造车追求完美。

著名管理学家明茨伯格提出过一个"匠构战略"，与"精益创业"有异曲同工之妙。明茨伯格认为，企业总是预先制定一个完美的战略，然后严格按照战略执行的想法很不现实，企业应该一边行动一边形成和修正战略。就像一块玉石被雕刻成完美的艺术作品，在雕刻的过程中，每一刀都在发生着变化，雕刻师只有敏锐地察觉到每一刀是怎样变化的，才能调整策略继续进行创作。否则，刻错一刀，不及时进行调整与修正，作品也将毁于一旦。

◎ 不认可，或许就是最好的认可

在精益创业中，一个产品出来后，最终要的是在市场中不断迭代，但在不断获取反馈信息时，难免会听到否定、批评的声音，甚至会出现不认可的声音。英国作家罗根·史密斯说："这个宇宙上的一件古怪的事情是，虽然我们意见不一，我们却总是正确的。"每个人，都认为自己是对的，对别人的反对意见产生本能的抗拒。可往往有时候，我们未必是对的，就像他人认为我们是错的一样，在对与错之间，只有数据、市场才是试金石。与其纠结他人的对与错，不如把反对意见投入市场试一试，这样才能得到最终的结果。

不被认可，才能及时改正自己的错误，最终做出更好的产品，这谁说不是另外一种认可呢？不过，有相当一部分人，因为没有自信，不愿意拿出自己的"产品"，其主要原因是他们害怕被批评，害怕反对的声音把自己否定得一无是处。多少人被这些恐惧影响而止步不前，自以为是？

在精益创业中，"反馈"意见并不存在批评或肯定，重要的是获得了强而有力的"信息"，也就是说，批评或肯定你的人，并非在批评或肯定你，只是给你的"产品"提供了信息，让你去完善产品而已。初成的产品本身就不完善、不完美，存在着这样或那样的缺陷，那么你又何必执着于得到肯定的评价呢?

成熟心智中,最重要的一个特点是,它能不偏不倚地、公正地对待自己和其他人的意见,既不故步自封,也不附和盲从。无论肯定或批评,都要经过深思熟虑之后再做判断,本能的拒绝,只会让你离"已完成"越来越远。

◎ 修正,才是根本

精益创业中,最后一步是修正。人们对待自己的作品,就像对待自己的孩子一样,倍加爱惜,不舍得让它吃一点苦。可想要成功,就必须让作品变成"产品",对它不断地打磨,让它变得更好。每一次迭代前,都要根据反馈信息重新审视自己的产品,或者换个角度去看它,再或者填补某些不完善的细节等。

做"产品",必须要有推倒重来的勇气,否则你会留恋之前的付出,停留在不甘心的怨气中。事实上,错误的努力,本身并没有价值。管理学大师彼得·德鲁克说:"最悲哀的,莫过于用最高效的方式去做错误的事情了。"一个人可能会倾听他人的批评意见,但并不意味着他会否定之前付出的错误努力。由此,很多人为了努力而努力,习惯将错误继续下去,去赌"万一"的结果,其后果自然也不会是正确的、正面的。

◇分解任务，找到核心区域◇

工作、生活与商业从来都是紧密相联的，因为有了人，所以才有了社会化生活，逐渐衍生出了商业行为活动。在工作化时代，无论生产者还是经营者，人们大多被一两项工作所牵制，他们大多数一天只做同一件事，装同一个零部件，基本上有大段时间可以利用。可是到了网络化时代，我们的时间被更多的社会化和社交化的学习、商业做了碎片化处理。我们一天的时间里，除了工作、发邮件、打印资料，还要聊天、打游戏、运动……时间被碎片化后，很多人认为工作效率提升了，因为在公交车上，可以完成英文学习；在跑步机上运动时，可以完成有声读物的收听……其实不然，看似时间在碎片化后被双重利用，但无形中我们越来越不知道一件事情的重心在哪里了。

从认知心理学的观点来看，其实人很难实现"多线程工作"，即双重工作。因为在任何一个瞬间，人的注意焦点就只有一个，这个注意焦点牵引着人的认知加工资源。有时我们误以为同时在关注两个东西，那是因为发生了注意力转移，即焦点从一件事转移到了另一件事情上，严格来讲，这还是单线程工作。

不过，也有例外。当你在洗碗时，可以与家人聊天，注意力在与家人聊天上。但假如一时失手，碗差点儿掉到地上，这时你的注意力就会发生变化，由与家人的聊天转移到了碗上，立刻发生了焦点转移。

◎ **真正需要思考的工作，时间不可中断**

"任务转换"是认知心理学中最为经典的课题。心理学家早就发现，当任务A转到任务B后，执行B任务时的绩效明显比非任务转换条件下执行B的绩效差，中间的差异被称为"转换损耗"。转换损耗形成的原因主要有两种，一种是人在习惯了任务A后，这个惯性会对任务B造成干扰；二是做任务B时，要对该任务进行认知重构，重新回忆起与任务B相关的背景和信息，而这段回忆也需要时间，同时还会出现重构不完整的可能性。

因此，"多线程工作"中的任务转换，会让效率变低。但有时候，我们被现实逼迫，不得不做一个任务被打断，转而去做另一个任务，然后再被打断，再去完成新的任务的打算。不得不说，你对某个任务投入的时间越多，越发忘我，被打断后心情就会越糟糕，从而导致执行另一个任务时变得不够集中。相反，如果你做的事情是不用动脑的体力劳动，那这种打断便不会对你造成影响。所以，假如我们自己能控制中断点，中断就不会变得可怕，切换损失也能降到最低。

想要自己控制中断点，首先需要对执行的任务进行剖析，区分哪部分可以被中断，哪部分无法忍受中断，然后用自己可以支配的较长的时间去做那些无法忍受中断的部分。

在区分中断点时，一般动作性的操作，认知复杂程度较低，因为可以随时中断；思考性的任务，认知复杂程度高，需要时间进行思考；而任务的核心部分，认知复杂程度最高，因此需要相当长的时间进行思考。拿做PPT来举例的话，第一步，则是找到核心区域的工作，设计PPT的架构，也就是你的想法，如何用更好的形式呈现出来。第二步，是查找资料，补充想法上的不足，以及完善内容。第三步，对读PPT的人的知识水平、理解水平、兴趣点，以及关注点等进行分析。第四步，是挑一个漂亮的主题模板，将它完美呈现出来。

在这个过程中，最重要的是"核心思考区间"的工作。如果你先去找主题模板，查找资料，再接着去把你的想法完善，那么你的主题模板说不定在后期会与你的想法产生冲突，而需要调整。因此，任何任务，第一件是让"核心思考区间"的工作完成，接下来的工作才会开展得更加顺利。

在做"核心思考区间"的工作时，你必须要保证自己有一段完整的时间不被打扰，专注地记下你的想法，等你完成了这部分工作，就再去做"支持性思考区间"的工作，或者去做其他的事。之后，无论你选择主题模板，还是查找资料，都不怕被打扰，因为这个任务最主要的部分已经完成了。

◎认知类型不同，工作就要分层处理

精益创业方法，打破了传统的工作方法，我们无须按照任务的一般步骤来切分，而是按照任务的认知复杂程度来区别处理、分段操作。

那么，一般工作到底该怎样分解任务，按认知复杂程度来划分呢？

认知类型，通常指头脑加工信息的不同方式，像我们处理语言文字，所使用的是一种类型，处理图片时，又是另外一种类型，而处理数据、预算时，则又是一种不同的类型。当不同认知类型切换时，人必须重新调整自己，这样的转换会消耗掉许多能量与时间。你在工作时，正写着文案，突然要进行图片处理，一般的工作方法是，文章写到一半，将图片插入到该文档中。但正确的做法则是，把文字写完，需要处理图片的地方做好标记，待文案写完，再将图片插入到文档中。

这也像你做一张图片，在Photoshop上绘制时，一幅画需要分成多个图层，每一个图层的绘制都是独立的，你只要专注于一个图层就可以了，不需要同时顾及太多图层，否则工作就会出现散乱而没有秩序的情况。

◎ 同质性工作，最好集中处理

有时，一份工作并非简单地做一件事，很可能一边开着 Word 文档，一边做 PPT，另外还要作图。在这种情况下，通常的做法是，把其中一个做完，再做另外一个，或者做完一部分，再做其他部分。而正确的做法是，把 Word 的任务分解为：文字、图示、排版三个部分；PPT 的任务分解为：文字、图示、排版三个部分。在各自的三个部分中，将相同认知的任务组合在一起，就能提升效率了。

Word 文字与 PPT 文字组合；Word 图示与 PPT 图示组合；Word 排版与 PPT 排版组合。而图片处理工作，则可以单独完成，完成后，统一插入到不同的文件中。

这个方法的好处是，不仅可以找到核心部分，还可以集中处理同质性的工作，减少转换带来的损耗。工作性质不同，需要的资源也不相同，当你依次完成不同性质的工作时，就可以依次调动与之不同的资源，而不需要在不同的资源中不断地切换。另外一个好处是，加深了工作时间的长度，能让人进入深度思考，增加作品的厚度。

与传统工作不同的是，这种工作方法，更像泥塑，在泥塑上一层一层地添加新的元素，使作品表现得更加精美细致。这个过程中，我们无须准备好或者计划好，只要拿到泥坯，就可以着手去干了。同时，我们也无须顾及最初版本，可以自由地加减，只要是能让我们进步，被市场认可，这就是一架通往成功的阶梯。

◇专注，比持续行动更有效◇

专注，是一个被人说烂了的词。虽然人人都知道要专注，可做起来却很难，因为逆人性。越是反复提及的词，越容易被忽视。多线程工作模式，让你越来越焦虑，单线程工作模式，确实能带给人宁静，却越来越不适合这个社会。想一心一意地专注于当下的力量不是不行，而是这只是战术上的专注。事实上，专注不仅仅是忙于手头上的一件事，还分多种。

◎第一种：专注于价值

有一段时间，流行"逃离北上广"的话题。年轻人在一线城市，虽然机会多、工资高、成长空间大，但生活工作压力也大，面对高房价，未来孩子的成长环境，不少人犹豫了，想着逃离北上广，回老家过平静安稳的日子。可是，老家机会小、工资低，在大城市练就的一身本事，回到小地方根本就无用武之地。

该去该留，很多人迷茫了。

面对这种选择，如果你本身还处于高增长阶段，最好选择留在大城市几年，看自己能否在这几年中获得提升，升职加薪。如果自己能力不足，再做回去的打算也未尝不可，但关键的是，要考虑如何在二三线城市生活得更好。也就是说，用这几年的时间，提升自己的价值，才能保证后期的生活不差。

总而言之，无论留在大城市，还是选择回到老家，我们想要过好自己的人生，终究离不开两个字：价值。

很多人在做出选择时，往往会犯一个错误，即先想自己有什么优势，然后在这项优势中找到价值。但这种情况往往会走入这样的困境：我会编程，我回老家能干什么？我会写文案，我回老家能做什么？

因此，先锁定价值，再创造优势，就能找到属于自己的高价值区。

以就业为例，我们往往会遇到这样的选择，一家是小公司，但发展前景好，不过不够稳定，需要自己的业绩才能保证生活；另一家是大公司，可能入职以后，人生就这么平平淡淡地过去下了，不过工作稳定，能给生活提供基本保障。

在做出职业选择时，首先想到的是能否提升自己的价值。要知道，许多大公司没有背景的话，就会变成任人踩在脚底下的小兵，毫无优势可言。假如有一天裁员，自己再进入市场，则会失去竞争力。而小公司则不是，只要快速学习，就能得到晋升。并且,在市场中,也有一定的竞争力。

做出选择是简单的事,理论也是简单的,但最困难的是,如何快速学习,学习什么才能提升自己的价值,并变成优势?

在一个新的领域里,不可能什么都学,最重要的是要聚焦,分析在哪个细分领域能成为高手。一家公司,分为网络部、运营部、财务部等多种部门,那些专业性太强的领域,需要付出相当长的时间,甚至要考取各种资质,这些领域有专业人士,很难超越他们,很显然不适合自己;而行政类的工作,如果没有一定的人脉资源,也不建议去做;最有优势的是运营部门,互联网是当下最火热的领域,只要花一两年时间学习,闲时写作散播影响力,就有机会找到自己的价值。

先找优势,往往会发现自己身上没有竞争力的优势。唱歌、绘画、擅长交流等,看似有优势,如果这个优势放到市场中,优势一下子会变成弱势。但如果先找价值,并在价值中将优势运用出来,就能变成独一无二的你。

◎第二种:专注于差异化的切入点

很多初入职场的人,特别渴望抓住一个时代的机遇,进入机会最多的行业。看似火热的机遇,事实上存在着诸多危险。试想,多少机会留给了这些后知后觉的人呢?当一个行业爆发起来以后,本身就走到了中段,再往前走,这个机遇就要更新换代了。

爆发行业的机会，往往留给那些先知先觉的人。他们要么是行业的领军人物，要么是某领域的开拓者，要么在看到机会时，本身已经积累了大量的经验。而作为初入职场的小白，盲目地踏入热门领域，并渴望自己也成为领军人物，真是机会渺茫。

但是，这也并不是没有机会，你可以在热门行业找到新的切入点。

自媒体很火，当很多人都开了个人自媒体账号时，有没有考虑过做一个服务于自媒体人的账号？大数据很火，有没有想过用大数据分析春晚的开场？直播很火，有没有想过直播一些不一样的东西？

这些都有人做过，都做成功了。

做任何一个领域，都要有高瞻远瞩的战略，即在当下看到未来，并为未来积累自己，最终赶上下一波机遇，成为新领域的领军人物。高手之所以能成为高手，都要经过长时间的积累才被人发现，痛苦是成为高手的必经之路。

◎ **第三种：专注于防守**

对于职场小白而言，专注是最好的进攻武器，而对于在职场上打拼多年的老手而言，专注则是最好的防守武器。任何一个人,都要从职场小白,变成职场老手,因此专注是必须学会的生存方法。

提到进攻和防守,难免想到军队作战。而我们在职场中,也如同军队一样,稍微不注意,就会被敌军打得猝不及防。一方人数众多,假如有1000人;另一方有500人,双方火力相同,同时开枪,那么1000人的军队什么时候才能把500人的军队全部歼灭呢?如果命中率分别为10%、20%、30%,大军队剩余人数分别是840人、816人、790人。也就是说,命中率越高,优势方损失就越大。而命中率低时,大军队最多用210人,就能灭掉对方的500人。

集中兵力、专注的优势,还是会被低估。

每个人的时间和经历,是他的兵力;智商与情商,是他的火力。当一个聪明的人精力与智商分别是他人的两倍时,一旦这个人分兵3个目标,他很快会被这3个领域的3个综合能力不如他的人击败。

因此,聪明不是一个人最大的优势。越是聪明的人,眼界越开阔,机会越多,选择的可能性与领域越多,一做就能小成,轻松歼灭不如他的人,因此就更加觉得自己厉害无比,所以就越难专注。每个人机会无限,但时间、精力和才华却是有限的,所以无论你是不是强者,都要专注,而专注是每一个人的护城河。

专注于更少但更好的事,才是成功的根本。当你已经有了优势,占据了一定的位置,只要保持着专注,至少不会输。

每一个人都在挤破头往前走,我们不仅要保证挤到前头,还要保证不被后来者追上。

PART
FOUR

建立自律习惯,复制成功者之路

◇不断设计"难度挑战",是学习的第一步◇

阻碍我们进步的罪魁祸首便是"舒适区"。有时我们明明很努力,加班熬夜、看书学习,可还是没有进步。我们以为,只要磨够了的时间,就等于努力了,事实上,真正的努力,哪怕你每天只付出一小时,自己获得了进步才是正确的。一个写作的人,发表第一篇文章,便是他的突破,可是发表十篇甚至百篇后,水准进步不大,即使发表一千篇也不能说有所提升。想要上升一个台阶,有时必须来点意外,或自己设置点"意外",这样才能迈向更高的阶层。

◎ 意外往往能逼自己一把

读喜欢的书、了解熟悉的领域、做拿手的事……如果不出些意外，我们甚至不知道自己一直待在舒适区里。面对意外虽然艰辛，但往往能逼着自己成长。

李纳斯·托瓦兹是 Linux 内核最早的作者，当今世界最著名的电脑程序员、黑客之一。最初，他凭借着兴趣开发了 Linux 系统，只在技术圈子里发布了第一个版本。这个版本因为出于兴趣与好奇，所以研发的系统十分简单，只有一些简单的功能，不久之后他想结束这项工作。可是，因为一次操作上的失误，他用于开发 Linux 系统的 Minix 系统被损坏了，这意味着想要完成最后的扫尾工作，要么重新安装 Minix 系统，要么直接在 Linux 系统中开发。本来，他是想重新安装 Minix 系统的，毕竟这个系统更成熟和强大，用起来也很方便。最后李纳斯决定尝试新的挑战，直接在 Linux 系统中进行开发。原本只是一个简单的系统，因为要用它来继续开发，它的基础功能都要被研发出来，这意味着 Linux 系统必须要有实际用途了。随着使用 Linux 越来越频繁和深入，他一点一点地给系统增加新功能，并升级原来的架构设计，同时又将系统开放给更多的人开发和使用。这一次小小的意外，让 Linux 系统成为世界上最具有影响力的开源操作系统。

李纳斯没有在自己的系统内开发系统时，即使开发出了 Linux 系统，也不过是他最为擅长的，用的是"舒适区"内的知识。而他后来因为意外挑战的高难度，则是打破了舒适区，在技能上又迈进了一个新的台阶。

人们之所以讨厌意外，就是因为它让我们不舒服，它的出现让我们手足无措，可是工作或技能上的意外，有时则能为我们带来挑战，如果我们坚持下去，潜能就会被激发出来。从这个角度说，挑战与才能相伴而生，没有足够的挑战便无法催生出杰出的才能，相反，越是有才能的人反而越愿意接受挑战。如果我们遇到了李纳斯的意外，很可能重新安装 Minix 系统，反正这是最擅长的，一个初级的 Linux 系统，就像写作的手稿，丢了也就丢了，虽然心疼可也没办法啊。

从小我们被教育，平安就好、平淡是真……于是从骨子里认为，挑战充满"不安全"，只要自己没受到威胁，尽可能地恢复"安全"才是人的第一反应。这种观点并没有错，可如果你想有所建树，挑战是必走之路。因此，为了培养自己的才能，先给自己的人性上第一把"锁"，脱离舒适区，在意外中完成挑战。

◎ 人为设置"意外"，增加挑战难度

国外的教育专家，做过人为设置苛刻的挑战实验，想要了解对个人会带来什么样的激发作用。

他们把班里的学生分成 14 个小组，每个小组有 5 美元的"创业资金"和 2 个小时的赚钱时间，最后各组向全班报告所赚金额，选出赚钱最多的队伍。这个任务激发了同学们的想象力，想出了五花八门的主意。最后，获胜的队伍竟然赚了650美元，各队的平均利润高达4000%。有一个小组赚钱的方法是，在学生宿舍门口摆了一个摊位，以免费检测自行车轮胎气压为赚钱项目，如果气压不足需要充气，则可收取1美元的充气费。结果发现生意很好，这项便民想法大家很喜欢。于是，这个小组1个小时后又将策略改成自愿付款，这下他们的营业额直线上升，最后赚了几百美元。另外一个小组更有赚钱之道，他们把3分钟的PK展示时间卖给了一家公司，这3分钟内可以在课堂上播放招聘广告，最后该小组获胜。

我们身边不乏创业者，他们启动资金有时高达上百万元，可利润却无法达到4000%，甚至在初创期，能盈利已经是极好的公司。可是，为什么5美元+2小时则能产生这么大的收益呢？原因就是因为只有2个小时，他们必须绞尽脑汁地想创意，而不是用陈旧的赚钱模式。

除了创造性，对于学习能力的提升，有挑战任务也是有效的刺激。既然"意外""挑战"都能让我们提升，我们为什么不人为给自己增加一些难度呢？

学习是主动进取的过程，但效果却取决于对知识和技能的提取练习，是骡子是马拉出来遛遛。当你用以往的方法学完一个东西时，一定会尽快地加强练习，这时你的记忆提取过程会很流畅，高估了自己的学习成果，你不过被大脑欺骗了，误以为自己已经掌握了这些知识。相反，如果在学习或练习时，能增强难度，给自己设置一些小障碍，很可能就会提升学习的强度。你可以在学习完后，延迟一段时间再做练习，或者将不同学科的知识进行交叉练习，那么知识提取的强度就会增加。

另外，我们还可以像上学时那样，合上书本，给自己出道练习题，看看自己是否记得牢固。或者，学习完一段时间后再来测验，也能将知识提取出来。这种情况下，你可能需要再去复习或者翻书，但是没关系，这正好在强化知识的储存与构建。

对于重要的知识，还可以使用"停顿"的学习方法。即把原来打算一次性学完的知识，分成片段来学习。集中学习时，相关的学习材料已经有所掌握，学习过程也十分流畅，于是我们会认为自己已经学好了，高估学习成果。就像上学时背课文，前一天背诵后，第二天老师要求课堂上再背诵一遍，很容易就能做到。但一个星期后，就有可能磕磕巴巴了，一个月后，估计就十分模糊了。因此，每隔一两天重新拾起学习内容，便会感觉到陌生，从而刺激再复习一次前面的内容，加深了自己的印象。这种不断强化的方法，能更好地提升提取过程,让需要记忆的知识越来越牢固。

学习某样东西时,有时我们会去网上搜索学习方法,让学习变得"标准化"。不过,这些学习方法较为基础,适用于大众人群,而对于高要求的个人还缺乏深度与力度。如果想要在某个领域成为优秀者,则要将标准定得更高,不满足于基础的学习方法与训练,而是要主动突破,寻找更高的难度去挑战。当然,如果你有某领域的老师亲自指导这再好不过,他们的经验与方法可以直接复制。但若没有这样的条件,就要打破"标准",像高手那样学习。

◎挑战也有层次,要不断地向前迈进

不得不说,任何一种方法成为习惯,都会变成舒适区。如果你习惯了"意外""挑战"和"停顿"式学习,这种方法本身就会变成你的舒适区。也就是说,方法本身并不重要,重要的是原则。当你逐渐觉得对某个方法变得熟悉时,就要想办法为自己再设置新的挑战了。这样一级一级为自己设置难度,就构成了挑战阶梯,顺着这个阶梯往上爬,才能走到最顶端。

我们都有学习英语的经历,上大学时,不少人学习英语主要就是背单词,无论单词背多少,都只是达到了量的积累,在学习上并没有什么难度可以挑战,因此英语水平未必有质的攀升。

在英语学习的道路上，英语脱口秀译者谷大白话的英语学习，则能让我们看到什么叫挑战难度。谷大白话学的是中医专业，与英文并不相关，可是他因为喜欢英文，便开始了自学生涯。

最开始学习时，他走"传统"路线，跟很多人一样，背单词、考托福、考GRE，当他完成这些，又开始了听英语电台的路子。刚开始听英语广播时，他觉得像听"天书"，十分有难度，但还是硬着头皮继续听。坚持了几个月后，逐渐适应了这种强度，便感觉也没有那么难了。在听广播的过程中，他发现英语广播发音规范、语速适中，都有规律可循，人人都能练出来。做到这个地步，很多人便到此为止了。可他还想再上一个层次，于是他又一次给自己设置了有难度的任务：听各种地方口音的英文，一开始确实难以搞懂，但几个月后又很容易了。接下来，他的难度又放到英语脱口秀中。脱口秀的特点是不仅语速快，在讲述中还会穿插俚语，有些俚语无法直接查找，只能凭借着深厚的文化背景，再加上查找相应的资料才能理解。经过一番刻苦学习，他最终连这个难关也攻克了，他听译了许多极少人能翻译出来的英文脱口秀节目。

挑战难关，才能向大咖靠近。在学习英文的路上，普通人只能去考级，很难在英文的境界上超越美国人。可是，想要让自己越来越专业，只有不断设置挑战，向目标进发。谷大白话一次次为自己设置挑战和难度，不满足于常规的背单词的学习方法，也不满足于考托福等，用他自己的话说，就是用"死磕"的精神来学习英语。

没有挑战，便不能往上再迈进一个台阶。不过，在向上进发的过程中，可以想象谷大白话到底遇到了多少挫折和失败，可是学习没有任何捷径走。如果他像其他人学英语一样，他能有今天的成就吗？任何一个学英语的人，都投入了大量的时间、精力，却未必能得到这样的结果，原因并不是时间不够，或者没有天赋，而是缺乏胆量和勇气，不敢走出舒适区。

不过，对于刚刚进入某个领域的初学者而言，最初无须把任务设置得太难，而是先用标准的方法，培养自己的基础，接着再设置难度。如果一开始就设置了难度，那很容易因为没有挑战的习惯而放弃。习惯是养成的，既然我们已经养成了"标准化"学习的习惯，就让这个习惯先走出第一步吧，第二步真正的挑战就开始了。

◇开放性看问题，专注地做事情◇

上学的时候，竞争模式是排他性的。一位成绩好的学生拿到新的复习资料，一定会下意识保护起来，因为共享意味着名次下降。可步入社会后，我们才发现信息是可以分享的，越分享越多。你有了第一手信息分享出来，大家争相转发、评论，你也能在这个过程中获得更多人的关注，接着获得更多的资讯。考试时，交换答案是作弊，而人生与事业，携手共进则是一种智慧。

今天，互联网的发达让这种优势越发明显，一些信息你捂着不发布出来，总有人会发布出来。与其让别人讲出来，还不如自己讲出来。这也是为什么许多名人频繁分享的重要原因。

另外，今天的环境也越来越开放。早些年，两家公司竞争，一定会争个你死我活，但当下无论两家公司业务部门如何竞争，两家公司的老板反而能坐到一起，互通有无商量着来。从长远来看，开放者能获得越来越多的资源，用信息交到更多朋友。而一个不愿意分享的人，人生或事业很容易走到尽头。

为什么很多人不愿意分享呢？因为这些人在认知上有偏差，即见不得别人好。同学会上，听说某位同学年入20万，而他年入10万，他就会心里酸酸的。而开放性看问题，也会让人不舒服。因为只要进入开放系统，马上就能看到许多厉害的人，他们成长快、头脑聪明、勤奋好学，让你越来越觉得自己很笨、很傻……跟他们在一起，有一种为了衬托他们的感觉。

但是，假如你退出开放系统，回归到个人的小圈子中，这样虽然心安理得，但往往会产生"我这么厉害，就是不如他命好""他还不是靠他爹"的消极心理。

不承认自己差的人，已经将自己封闭在个人的小圈子中了。因此，对于比你厉害的人，要承认他的好，不要抱有"想当年，我还是班长呢，他笨得要死"的心理。人都是在进步的，你不进步也只能一辈子活在"当年"了，而不是"当下"。而对于比你差的人，要包容他人不好的部分，因为他可能只是方法不对，看不到规律，走了弯路而已。

◎ 开放能站在更高的角度看问题，专注地做自己

有过出国经历，或见过大世面的人，他们的观点与看问题的角度，往往与常人不同。一个人经历越多越发明白，高明与不高明的观点差距，不在于智商，而在于眼界。今天信息和知识越来越扁平，每个人都能接受到相同的知识，但对于知识的处理，则来自于眼界。当下许多职场人总在思考自己的优势是什么，擅长什么，出路在哪里，想破头也找不到问题的答案。而创业者也在思考同样的问题，好像怎样都对，又好像怎样都做不好。

于是，他们常常陷入误区，总觉得竞争对手做的东西比自家好，业务也比自家好。同样，身为个人，会羡慕别人的职业更轻松，更能学到真本事。这时，无论你做什么技术分析、看报告、测评、讲道理都没用。与其如此，不如带他去看一看各行各业的不易，或者让他亲自操练一下，才能知道自己最擅长的还是自己分内的工作。

当你的眼界足够开阔时，才更能尊重每一个行业，深知每一个行业的不易，会理解人为什么需要专注的竞争力，以及为什么专注。没有看到更大的世界时，会说："再试试别的有什么不好呢？"当你看完了全局，会更安心地专注做自己。

◎穷人心态，会让你更穷

在理财中，有一条公开的财富秘密，但极少有人能做到。积累第一笔原始财富有人靠机遇、努力、节俭等，这并不难，甚至一直保持富裕的生活也不难，可人们因为"穷人心态"的原因，使自己并没有变得富有。

这利变富的方法是：复利。

假如某理财产品年化收益率是8%，如果你在30岁时开始投资，到80岁时财富约增长50倍；如果30岁时，你的孩子出生，那么孩子80岁时，财富可以增长到近500倍。

其实，只要坚持做这么一件事，就能保持富裕的水平。

假如你当下拿出100万元设立一个养老基金，以年化收益8%来计算，在你60岁时，这笔财富会超过1000万元，至少保证了你晚年的养老与生活。因此，富裕的家庭只要没有大的意外，很容易保持富裕的水平。

这种"傻瓜"式的操作十分简单，人人也能算清这笔账，可为什么大多家庭还是不上不下呢？

因为心态。如果一个人只有20万元，很难有平稳的心态把这笔钱存够30年。人们渴望一夜变富，急于翻盘过上更好的生活。于是，将目光盯准了财富猛然增长几倍的时机，渴望一把翻到身家百万元，即使在市场中投机成功了，这种习惯暴利的心态，会一直赌下去，总有一天会全部输光。

人们常说："富不过三代。"这是因为某一代突然做了投机性投资而导致的。《家族财富》这本书中说："时间是你的朋友，而时机不是。"

贫穷者的心态是，追求暴利，但为什么大多数人有这样的心态呢？在《稀缺》这本书中，作者提到了"思维带宽"的概念。穷人贫穷是因为他们的注意力全部放在了如何解决温饱的问题上，因此很少有多余的"思维带宽"思考长远发展的问题。当人们的时间被吃饭、生活、柴米油盐所占据，发展战略、儿女教育、工作前景便想得少了。所以，你的时间放到了哪里，就显得很重要了。如果注意力稀缺，即使知道自己要做什么，也会陷入战术勤奋、战略懒惰的困局中。

这时，很多人可能会说，生活已经一团糟了，不该考虑一下吗？难道物质不重要吗？这并没有在否定物质，而恰恰是想说，应该如何更好地变得富有。

在《自控力》书中，作者用"自控力肌肉"的角度解释了物质问题。自控力如同肌肉，用多了会疲劳。穷人长期处于物质匮乏状态，需要消耗许多自控力来抵抗诱惑，一旦自控力耗尽，便很容易放纵。如果放纵一次对于富人来说是损失，那对于穷人来说则是灾难。穷人并非不懂得推迟满足感，但他们的自控力，早被生活消磨殆尽。《贫穷的本质》中讲到，捐赠者希望穷人把捐款投入到教育、健康上，实际上他们往往把捐款花费在了消费品、奢侈品上，因为穷人和富人处于不同的自控力和心智资源层面。

通过对穷人的心态分析，我们便知道，贫穷并不是一个财富数字，而是一种心理状态。在这种状态里，人越是注意力、自控力稀缺，越是贪图短期的享受，就越容易陷入劳而无功的工作中，造成进一步稀缺。这种整体的焦虑，都是因为人们不断在死循环中无法走出来。

既然贫穷是一种心态，那么脱贫靠的并不是抓住机遇、学会某个三脚猫的功夫，而是要学会开放而专注地修炼。

开放才能站得更高，专注才能培养自身能力，不被其他诱惑拽着跑。

◎ 站在更高的角度，才能走得更远

中医与西医，两者一直在不断争论。当西医作为科学不断往前迈进的时候，人们对于中医越来越不"相信"。

事实上，中医理论是一套完整的体系，阴阳五行，相生相克，阳中有阴，阴中有阳，像一张太极图，并不是一直无穷无尽的，而是所有的内容，都逃不掉外面的这层"无极"的圆圈。

而西医的体系架构是分散的，肾脏科、口腔科、妇科、儿科……在学术上，持续引入了生物学、化学、物理学、电磁学等学科内容，而且几百年来一直在不断往下探究，这种发展像是一场马拉松赛，不断地向前进发。

当一个体系什么都能解释时，便没办法被证伪，也无法更新，长久下去必然会让人觉得平庸。因此，一个无法被证伪的体系，无论多有智慧，必然会被迭代系统超越，正因如此，许多人对中医持怀疑态度。不过，当下的科学本身也值得怀疑，因为无论现在有什么样的新发现，都会因为迭代而让新发现变得陈旧，三百年后再看今天的科学，许多理论都将被打破。

我们当下深信不疑的，未来很可能证明是"假的"。而一个完整的体系，现在却被许多企业运用到了管理中，某些知名的大企业，就用"中医治病"的路子，给企业来诊病。

这并不是学科与学科的差异，而是规律与规律的差异。就像日夜往复、四季变换一样，从更大的角度来观察，便能发现更大的规律。大到宇宙，小到诊病，再小到做一件事，都有着相应的规律。

这也好比，我们读了许多历史，必能找到每个朝代灭亡的规律性。当我们站在历史的角度去看某个朝代时，很容易发现弊端，假如我们能穿越回过去，告诉某个皇帝到底该怎样做才能让全民更加富有，而不是使他们灭亡，皇帝听到后，一定会将你推出午门斩首。皇帝的做法，是不是很可笑？可是，当我们站在群体中，角度被降低时，又如何能像判断历史一样判断未来的生活呢？我们也会像那些顽固皇帝一样，听了难听、逆耳的话而大发雷霆吧？

眼界决定了我们能走多远，能避免多少灾难，能把握多少趋势。终身提问、探索、站在更高的角度看问题，都是一种智慧，提醒我们要保持开放。这种开放是拥抱变化、接受变化、做多种尝试，而不是不信、批评，站在自己的角度看问题。

就像中医与西医，不是去批评去批判，而是拥抱两者，既要了解这个世界有着怎样的运行规律，也要保持对科学的新鲜感，让自己不落伍。站在两者之上的角度看问题，不是格局更大更开放吗？

◇多等待10分钟，让好感受越来越久◇

这个时代发展越来越快，处理器每隔18个月会快一倍，网速每隔两年便要升级一档，上班路上挤公车都要被人推着往上挤，一切都在追求：快快快！而一个系统的完善，也是快速投入市场、快速迭代、快速研发……

"快"真的能解决问题吗？

在股票交易市场，更快的速度意味着更加快速地收到消息，做出更快速的反应，以更低的价格购买股票，并以比对手更快速的时间将股票卖出去。哈里森证券所，在2007年年底时，成为证券界的英雄。他们把交易时间从65毫秒进一步降低到了30毫秒。交易的速度以毫秒计算，而30毫秒的时间是从西海岸传到东海岸的时间。原来以为提到高30毫秒，意味着公司能从优秀走向卓越，结果却出现了相反的情况：

> 突然间，公司的交易成本比以前更高了。我们总是在更高的价位上买入股票，卖出之后的收益也变少。虽

然交易速度更快，但执行效果却大不如前。这是我见过的最不可思议的事情。我们花了大量时间去确认结果，一遍遍地检验，但最终得到的都是这个事实。无论我们怎样努力都没有用，速度越快，结果反而越坏。

出现这种情况，全世界最聪明的人都在找原因，却始终没有答案。在找不到解决办法的情况下，人们试着放慢计算机的速度，让交易时间重回65毫秒：

> 当每一笔交易时间回到65毫秒时，公司又重新登上了排行榜的榜首。这真是太奇怪了！我的意思是说，我们身处全球最有效率的金融市场，每一秒钟的交易额就达几万亿美元。搬到纽约之后，我们的速度变得更快，但结果却变得更糟，于是我们把速度降了下来，问题反而得到解决。这是最令人费解的事情。在这样一个速度至上的世界里，你放慢速度，效果居然更好。

高频交易的股票，是由计算机管理，而资深的买家在大批量买入股票前，往往会先投入一点钱试探市场，试探其他人的反应，然后再预测这只股票是否值得投资。在这种情况下，交易的反应时间过快，就好像看到对方佯装全力攻击一样，这样的预测看到的只是表象，会不够准确。因此，等待价格稳定了以后再购买股票，操作就会更加精准。时间过快，就会变得敏感，成本变高；而过慢又会显得迟钝，成本也高。找到微妙的最佳关键点，则变得很重要。

在股票市场上，2007年时，65毫秒是最佳时间。而生活中，我们也有微妙的时间处理，切准时间点才能更有效率。假如下班高峰期为18时，这时许多人都要下班回家，当你这个时间点开车回家时，就会出现交通拥堵的情况，很可能20时到家；如果你19时从公司出发，错开高峰期，说不定也能20时到家。错峰出行比反应快更能降低成本，这1个小时的"延时"便是微妙的关键点。

而在通信和网络工程行业，往往也需要"延迟"时间，有时过于快速，计算机在收到信息那一刻会立刻做出反应，这个速度会引发网络拥堵，不如延迟几秒钟，让网络变得顺畅，降低成本。

在一个资源丰富、多重博弈的世界里，"延迟"时间有时比反应快有效很多。这种能力在股票、通信中能帮助人们降低成本，放到生活中，则是一种生存能力。

◎ 反应的快与慢

在生活中，我们的第一反应，往往有时是错的。

第一次去大洗澡堂，平常用热水器洗澡的人一定会不习惯。大澡堂两个水龙头，一个出冷水，一个出热水，具体温度需自己调试，往往不少人需要调试几次后，才能调到满意的温度。因为拧开某个水管时，不是热得要死，就是凉得要死。等你根据当下水温去调节的时候，过上十几秒，发现水温立刻变了。于是，继续拧，继续调。

为什么会这样？因为管子很长，需要有个延时过程，把管子里的水放完以后，才是真实的水温。第一反应过热，加冷水时，想要感觉到正好的温度，需要等一会儿，才能知道真正的水温。根据第一反应去调节水温，永远无法调出适合自己的温度。

因此，越是庞大的系统，反馈周期越长，越需要"延迟"时间，等待有效的结果。所以，克制第一反应，等待第二反应，才是正确的做法。

任何事情都有相应的周期：读一本书，需要4个小时；打一局手游，需要5分钟；调理身体，需要100天的时间……

因此，克制住自己，等时间，才能摆脱第一反应，不至于陷入短期的快感中。

◎ **信息也需要时间**

当下大部分人习惯了朋友圈、微博，似乎不登录这些社交软件，就会错过重大新闻，第二天睁开眼仿佛已经落伍了。但事实上，在资讯丰富的时代，你即使不登录朋友圈和微博，也不会错过任何信息，甚至能让这些信息的"真相"自动浮出水面。

以某明星离婚为例，粉丝在不了解真相的情况下，对这一热门事件展开了评论、转发，有人猜测出轨，有人猜测家暴，有人挺有人骂……几天过后，随着事态不断被挖掘，粉丝们恍然大悟……虽然这些未必是真相，但至少你没被当时的"热门"冲昏头，甚至也没有错过这条消息。

如果我们不在娱乐圈混，不是这位明星的亲戚朋友，我们只需要知道这条新闻就够了，了解这条信息大概只需要花1分钟的时间。假如把这件事放到当年的事件总结中，有些人可能压根想不起这件事情来了，可见它对你并不会产生影响。

生活中的热门，只要忍住第一反应，你便会在一个月后甚至更短的时间内得到一个更加清晰、简单、贴近真相的评价。因此，不刷热点、不第一时间追热门书籍、不第一时间追热门电影，都是能让你更加节省时间的方式。

时间越短，体验感越好，但却总是难以达到长期深远的影响。而那些习惯了短期体验的人，因为对长期把握不住，无法把控未来，便会把时间继续投入到短期的体验中。因此，许多事都在反复循环，总是很难跳脱出来。而如果自己能延迟一小会儿,哪怕 10 分钟,真正的好感受才会越来越久。

所以,无论贫穷或富有,总有它相应的理由,而我们要做的,便是向富人学习,让自己快速成长。

◎成为一个慢而有趣的人

慢和有趣,似乎是两个不相关的词,但事实上,慢能让我们看到更大的系统,而有趣则能让我们看到更远的格局。

有一个朋友,今年 40 岁,她突然说,想学书法。听到她的想法,周围的朋友都有点不理解。她一个堂堂管理学硕士、企业高管,突然要学书法,这是与她工作完全不相干的事情。这么多年,她为了工作自学了人力资源、运营、广告……只要与企业沾边的,她统统都学。

朋友们对她的评价是,不是在学习,就是在学习的路上。如今她事业有成,明明应该更上一层楼,却突然说,想要学书法了。学书法并没错,但关键是与她的专业无关,而她的理想又不是当书法家,这时要学书法,对于以前的她来讲,完全是在浪费时间。

面对朋友的疑问,她想了想说:"生活不该只有拼事业一种,还应该好好生活。"

在很多人反对的情况下,她报名了知名书法家的培训班,开始了书法课的学习。本以为每天两个小时的练习会让她放弃，谁知她一路坚持了下来。因为书法，她的生活变慢了，她开始读诗、读散文，也开始试着学习茶道和花道。身边的朋友都说她越来越有女人味了，她因为书法而变得更好。

朋友说："书法本身没有改变她，改变她的是沿着书法，找到了一条让生活变有趣的路。通过这条路，她在管理上看到了更多创意和可能。"

这是她当时最大的收获。如今，她学习书法四年，在许多小领域，成了一位达人，出了书，办了讲座，她的"慢"让她懂得管理不是一把抓，而是放手。现在她不仅工作好，在其他领域发展得也相当不错。

朋友后来的生活，可以叫作有趣，也可以叫作多元。生活，最好的平衡是留下20%的时间给生活，做一点儿"不靠谱"的事，这样人生就不会死于某个变化，某个意外事件，是一个长期稳定进步的状态。

提到有趣，不少人总能想到会讲笑话的人。但真正的有趣，并不是语言上的有趣，而是事业上的有趣，生活上的有趣，让自己逐渐变得越来越柔和，越来越让人喜欢，这才是真正的有趣。在当下，一门心思做好一件事，这是一种伟大的坚持，但如果在坚持的时候，还能见识到各种不同的生活，才更能知道到底该如何做自己。

◎ 只要还有好奇心，就有好未来

美国纽约大学教授詹姆斯·卡斯写过一本书，叫作《有限与无限的游戏》，书中写道："世界上至少有两种游戏，一种是有限游戏，一种是无限游戏；一种以取胜为目的，一种以延续游戏为目的。"

从小，我们接受考试、竞争模式的教育，一切都是有目的的。学习不是因为需要，而是为了将来步入社会找份好工作；有了好工作，不是要把工作做好，而是要在工作中努力争得第一；争第一不是因为喜欢，而是为了生活、生存，而生活、生存又是为了在亲朋好友面前有面子……我们从小的思维模式，已经限定了我们的人生方向，因此现实生活中，谁做的事是无用的（不能立刻变现），则会受到身边人的指责与不理解。这种情况下，许多人为了得到别人的认同，会更倾向于做能保障生活的工作。

有一个妇女，与科学家展开了一段对话：

> 一个妇女很苦恼，因为生活无趣，她去请教《昆虫记》的作者让·亨利·卡西米尔·法布尔。
>
> "教授，我看过您的书。您的工作真伟大，您的思想真有智慧，您有机会研究世界上所有有趣的东西。而我，

只是一个无聊的家庭主妇,生活里面什么有意思的事都没有。"

"和我说说你的生活吧。"

"唉,实在没有什么好说的。我每天就是坐在台阶上削土豆,每天要削完4袋;我妹妹就坐在我对面,把土豆洗干净。"

"夫人,"亨利用一种神秘又好奇的语气说,"你有没有想过……你坐着的台阶下是什么啊?"

"是砖头啊。"

"砖头下面呢?"

"是泥巴啊。"

"在泥土之下,还有些什么呢?"

"嗯,也许有蚂蚁。它们经常从砖缝里面爬出来。"

"那么,尊敬的夫人,你有没有好奇过,这些蚂蚁是从哪里出来的?它们在干什么?它们是怎么沟通的?它们怎么生活?它们是怎么找到你的土豆的?"

听完法布尔这段话,妇女回到家以后,开始留心砖头下的小生命。为了学到更多知识,她一开始请教法布尔,后来去图书馆查阅资料,开始记录所见所闻。

10年后,她在专业杂志上发表了关于蚂蚁的论文。虽然她一生并没有在"昆虫"上有所成就,但她的生活却一辈子都很有趣。她找到了另外一种游戏——无限游戏,也叫好奇心。只要对生活持有好奇心,世界就会不断延伸,未来依然有可塑性。

如果说,有限游戏是第一反应,那么无限游戏则是第二反应。只有等一等,才能让自己不焦虑,看得到更长远的未来。未来不是一成不变,不是枯燥无味,更不是忙忙碌碌,而是有趣、好玩,值得用一生的时间去品味。

◇持续而反复,一次又一次校正选择◇

很多人说,选择比努力重要,可选择到底有多重要呢?我们又难以找到确切的答案。一个选择可以改变一个人的一生,也可以颠覆原来的生活,使人生或事业向另外一条道路行驶。而我们一生都在做选择,选择上哪所学校,选择去哪家公司工作,选择与谁为伴。当然,如果选择错了,你还可以重新做出选择。当选择可以被修正、重塑时,单次选择的重要性可能被我们高估了,让我们认为重要的不是选择,而是选择后的付出失去了意义。但从整个人生的角度看,人生是一个不断选择的过程,在这个过程中,总会发生让我们出乎意料,或者在意料之中的事,但无论如何,已经做出选择的将会成为历史,而明天我们依然可以重新选择。

◎ 不要因为"理想",而放弃原本真正的生活

现实生活中,我们对一件事投入的时间越长,就越难以放弃。从小就学习画画,一直画到30岁,这时让他放弃很难;一路读到博士学位,即使对自己的专业兴趣渐微,甚至苦苦挣扎,也是很难选择放弃。因此,人们在某件事情上投入的时间越多,自由选择的余地就越少,若说重新来过,简直是天方夜谭。

珍妮·苏克是一位韩裔美国人,她在6岁时随父母移民美国,从小喜欢音乐、舞蹈和文学,因为对于舞蹈的热爱,在美国接受过顶级的芭蕾舞学校的训练,后来父母怕耽误学业,便被迫终止了舞蹈训练。

她在读本科时,进一步发展了对文学的兴趣,毕业时甚至到牛津大学研究法国文学,并获得了文学博士学位。不过,随着对文学的研究,她发现自己并不适合这个领域,于是,转而进入哈佛大学法学院,学习法学,并获得了法学博士学位。毕业后她一直从事与法学相关的工作,2010年,37岁的她,成为哈佛法学院首位获得终身教职的亚裔女性。

苏克在读法学之前,人生经历了几次重大转折,尤其是她拿到文学博士学位时,身边的人都以为她会一直走在文学道路上。谁知,她果断放弃,选择了一个完全陌生的领域——法学。事后,人们问她为什么会这样做,她反思说,她意识到,

自己从小虽然很喜欢文学作品，但对文学作品进行分析的写作方式，她并不擅长。她觉得这种写作太抽象，且与现实生活脱节，而她想从事的是能将文字与现实结合、能对现实社会产生切实影响的工作。在法学家前辈的影响下，她决定学习法学。在法学领域，她越研究越喜爱，十多年的法学学习与研究，让她觉得这才是她一生最爱的事业。于是，她在自传《我想看到的世界》中写道："去发现和追求自己所热爱的东西，而不是追寻某种预设的轨迹。"

已经在一个领域投入了大量时间，真的要重新开始吗？这种勇气不是人人都有的。这种选择困境，在决策心理学中，被称为"规则遵循理论"，意思是指人们在做出决定时，往往基于自己的身份，并依循自己身份所应遵守的规则来进行判断，这种做法使个体的行为与周围社会情境可以更好地适应，所以称为"适当性逻辑"。一个人在某个领域投入大量时间后，继续在这个领域深挖就是符合他们身份的选择，这种选择可以称之为"理想"，是一种在既定规则中的理想。博士难以离开所研究的领域；大学生更想当老板，做创业者；领导更喜欢板着脸……因为这些"理想"期望，让很多人放弃了原本真正的生活。

真正的生活便是，真正适合你的生活，能让你自由探索的生活。而当下社会和外部都给了我们很高的期望，这便在我们的大脑中成为一个框架,阻碍我们思考自己到底要探索什么。

在我们的人生规划中,我们往往想的是"我应该做什么""我能做什么""我现在是谁",而不是"我想要做什么""我擅长做什么""我能成为谁"……

我们看似在选择,其实只是毫无选择罢了。而那些成功的人,一次又一次地校正选择,直到发现真正热爱的领域,这个领域能与现实结合,能为社会带来改变,能让自己有更高的成就。

◎ **重新选择,不等于推倒重来**

以发展心理学观点来看,我们的人生是由自己建构起来的,在构建过程中,我们一开始会对某个选择提出"假定",然后根据假定做出选择,选择之后再为做出的选择付出努力,随着对选择的某条路认识越来越多,接着我们很有可能发现是对的,当然也有可能是错的。如果事情不如预期发展的那样,我们便会重新"假定",校正原来的选择,然后再做出新的选择。这种校正假定、重新选择的过程被称为"建设性改变"。

我们的人生,就在不断假定、不断重新选择中搭建起来的。假定不是固定不变的,它经过某些经验验证,有稳定的成分,但也可以不断拓展,在未来发展出多样性。现在的你,不过是过去的你,而未来的你还会因为选择而变成"无数个可能"

的你。所以,即使有时候会选择错误,甚至为错误付出了代价,但是只要明天的你还可以选择,还有机会成为想成为的人,你仍然可以重新做出选择。

我们怕做出新选择,无非怕一切从头开始,可是重新做选择,并不意味着推倒重来,这就像我们无论如何也无法变成小孩子一样,你的经历、学识、想法,早就在你的大脑中留下了深刻的印记,我们不过是在过去、现在和未来之间建立某种关联,抛弃的是错误的事,而不是错误的你。如果你是一棵树,你自己便是树干本身,你的职业、生活、乐趣、爱好……则为枝丫,修剪枝丫是为了让树长得更高更粗,而不是将树连根拔起。

不得不说,苏克在放弃舞蹈、文学时,虽然在职业上做出了巨大的改变,但并没有让她从此断裂,而是在原来的基础上,延伸出了一种新的职业领域而已。这并不会影响她继续练习舞蹈,读文学作品。而她的法学,是想与文学中的"写作"发生连接,因此也不算完全放弃原来的领域,假如她没有任何文学功底,那么法学的"写作"部分,必然黯然失色。

大部分人选择的是继承和坚持,而许多人则是在继承和坚持的情况下,还能做到转折和变化,只有在错了以后发生变化和转折,这样的人才能有质的飞跃,因为对的选择能让你内心坚定。当然,这并不意味着,你可以十八般武艺全部尝试一遍，也不意味着浅尝辄止，而是为了找到对的方向，坚定地走下去。

在职业生涯规划理论中，有外职业生涯变化和内职业生涯变化之分。外职业生涯变化指职位、社会角色等，往往受到外部机遇、生存境遇和其他环境因素的影响，从而发生变化和转折；内职业生涯指一个人的内在兴趣、禀赋、动机和能力，大部分是连续着发展，绵延在人的一生之中。人们面临的选择，往往是外职业生涯层面的，而这些关系到生存、生活、面子等问题，选择起来更为慎重，为了选择"正确"，保险一些才不会让生活发生意外。但这样的选择，往往忽略了一点，就是某些东西不会一成不变，能带着你走向目的地的不是这条路，而是走在路上的人，也就是你自己。你只有想走下去，这条路才算一条路，如果只是碌碌无为，则等于站在路上停滞不前。

所以，当你再一次面临重大选择时，一定要弄明白你要如何成长、变化和坚持，想清楚了这些，才能选择出一个更好的未来。

◇保持独特性，就是坚持的最大动力◇

互联网时代，越来越多元化，我们的思想和行动，也容易被一波又一波的热潮推着往前走。当所有人都在讨论一个话题时，我们很难不参与到其中。就像"互联网+"成为创业的风口，人人都想从中赚到人生第一桶金，并走向人生巅峰。在热潮的推动下，我们多数人形成了一种思维，提出的问题也大多类似，甚至用单一的模式思考问题，用单一的路径解决问题，当成功人士说某个行业未来是蓝海时，许多人想也不想就展开行动了。在大家都急速前进时，你多想一步反而被落于后，于是争先恐后地往前冲。

这时，想一想第二反应，很可能就忍住了。假如忍不住冲了上去，你会发现一窝蜂、同质化的行动，并不会带来你想要的东西。

◎ 第二反应，还是一种差异化

每个人从一出生，都是独特的，但因为后天的经历、学习，反而越来越趋同了。父母、老师、社会，都在用相同的观点教育我们，让我们成长为一个会赚钱，又对社会有贡献的人。这当然并没有错，可是每个人经历、喜好、品位、才能和运气都不相同，你完全可以根据自己的特色，追求自己想做的事。

当每个人都追求"财务自由"时，假如所有人的整体水平都得到了提升，那么反过来看，我们还是"穷人"，这种整体性的发展只不过包括了你，而那些处于顶端的人，依然手握重要资源；当年轻人追求创业时，人人都在争抢为数不多的客户，而能在市场中占得一席之地的创业者只有少数；每个人到了适龄的年纪就急于结婚，除了过硬的物质条件，多数人认为三观磨合一下就好了，于是离婚率越来越高……

多数人随着第一反应而去，此时你应该克制一下，等待自己的第二反应。当别人追求"财务自由"时，你也可以追求财务自由，但是否可以考虑用价值变现？当大众创业时，你也可以去创业，但是否可以考虑一下差异化？当闪婚不再是多新鲜的事时，你到了适龄年纪，是否可以等一等了解一下对方的三观……

从另一个角度讲，第二反应能让你保持"独特性"，而独特性是能让大家最容易记住你并发现你、让你不可替代的东西。

2009年，48岁的苏格兰人苏珊·波伊尔登上了《英国达人秀》的舞台，这位苏珊大妈演唱了《我曾有梦》这首歌，视频在网上迅速传播。看过视频的网友，几乎人人都喜欢苏珊大妈，因为她胖胖的、萌萌的，48岁了还在坚持梦想，是一位非常有特点的大妈。

在苏珊大妈之后，一直到今天，我们很难再见到这么有影响力的大妈了。苏珊大妈走红以后，也有许多王妈、张妈等模仿苏珊大妈，但其影响力很难超过苏珊大妈，因为模仿并没有独特性。而我们能记得的，反而是特点明显的人。

你的独特性意味着你的形象、个性、经历、知识等，是他人无法复制，甚至无法模仿的，这意味着你在原来的基础上增加了一种新的可能性价值。

而我们只能在第一反应观察后，才知道自己到底该怎样保持独特性，或者说如何让自己创新，走出一条独一无二的道路。试想，如果你与大多数人相比，没有特殊的优势，那为什么别人要给你超出水准的回报呢？

◎ 社会认同感，不等于自我认同与成功

如果你渴望被社会认同，只要做大家认可的事，说大家喜欢听的话就可以了，但这样做的结果并不是得到认同，而是被他人忽视。人们总是在给他人贴标签，男人就该养家，女人就该带孩子，年轻人就应该创业奋斗，老年人就应该带孙子遛狗……

这些标签，把我们许多人限制死了。他们即使内心有想法，行动也会被束缚住，因为标签贴久了，与皮肉长到了一起，撕下来血肉模糊，大多数人没有这种勇气。

网上，曾经有人这样问："我在高中见到了很多优秀的青年，他们知识面丰富、心忧天下、自我觉醒，但感觉他们在慢慢平庸，言必谈体制，言必谈世家，除此之外就是吃喝玩乐。在大学，曾经的学霸慢慢腐化，翘课又不看书、偏激又没立场；出身富贵的没有意志、自控力和梦想；寒门的顶尖却不去学习应试之外的东西，知识面很窄。这是在不断地从优秀中走向平庸吗？原因有哪些？"

人随着年龄的增长，身上的担子越来越重。人们选择走向平庸，只是因为这条路更安全，安全到足以让他们觉得能挑起家庭的责任，至于他们自己，则会觉得这就是社会现实，虽然无奈，但有责任心的人都在这样做。

不得不说，这是一种自我逃避的心理。表面上看讲的是责任，实则是自己没有信心发展事业，做自己想做的事，而且做他人认可的事，也能给自己少些麻烦，这也是一种被认同的方式。而渴望优秀的人，不也渴望得到他人的认同吗？

在高中时代，圈子就那么大，一个人心怀天下，有理想，有自我觉醒的意识，很容易得到身边人的认同。而走入大学以后，游戏规则变了，多元化让他们变得无所适从，他们也不知道如何在众多学生中闪耀自己的光芒，于是自暴自弃、接受平庸反而能获得家人或大环境的认同。

因此，许多人变得随波逐流，不愿意跳脱出这样的牢笼。但平庸反过来又意味着得不到"认同"，于是，人们在工作、理想、事业中不断否定自己，渴望得到名望、成功。忙忙碌碌，迷茫一生，等真正反应过来时，又到了"遛狗带孙子"的年纪，那时可能会觉得:"算了吧,这么大年纪,就不折腾了。"

你看,明白了不等于行动,你永远不能肯定自己,不会去争取得到自我认同感。

◎ 想做就去做,别等以后

一个朋友,有房有车,手里有几十万元现金,原本日子过得不错,也能追求自己的理想。可是他却说:"等我再攒点钱,我就去开一家理想的火锅店。"

我说:"你现在也有钱,想干就去干啊。"

他说:"不行,我要再攒一点钱。"

我了解他的性格,"那么,你再攒一二十万,还会去做风投吗?"

他说:"会的。"

朋友年薪几十万,原本可以攒不少钱,可他手里永远只有几十万,因为除了让生活有基本安全外,他将上百万元,投资到了初创期的小公司里。也就是说,他每年的工资,会继续投资,不断投资,只要攒够一笔投资的钱,就会投资别人的小公司,试图让身家再涨,而忽略了投资自己。

我们身边的人经常说,等以后有钱了,就去做喜欢的事。可是,现在你不做喜欢的事,以后也不会做。就像我的朋友一样,他永远不会有钱开火锅店,因为这件事与钱无关,与思维有关。

"喜欢的事"，是一件在当下难以准确评估的人生事件，任何一个人都不知道它能带来什么，在意义上它是你喜欢的，但在价值上，它对于你来讲不如钱重要，因此你只会做你认为收获更多的事。

而一生追求理想的人，之所以敢去追求，不过是在他们看来"喜欢的事"的意义，大于金钱的价值。务农的人，也可以登上大舞台；民间艺术家，也能举办画展；普通妈妈给孩子做爱心早餐，也能出美食书……

要知道，喜欢的事，有时与金钱并不相悖。它只需要你用一点点真心，花一点心思，这就能让你与众不同。在玩的过程中，你不需要追求与他人一样，因为不需要让它变成钱，因此你想怎么玩，就怎么玩，这样反而更容易发现事物的价值，创造出独特性，被人认可。

所以，想做就去做，别等以后。不要让喜欢的事，成为脑子里的空想，而要落到你的手上、你的心上、你的行动上。

PART
FIVE

知识变现,如何学习才更有效

◇精简学习内容,达到更好效果◇

互联网化的社会,让信息变得越来越多。在朋友圈、微博、QQ空间等,转发着各种各样的内容;而图书馆的书架上,也有各种名人做序、推荐的书籍,在信息增加的背后,是人们的知识焦虑。到底该看什么书,选择什么样的内容学习呢?

王小波讲过一个笑话:

将军视察前线,看到一个新兵很紧张,于是给他一块口香糖。

"好点了吗?"将军问。

"好多了,长官。不过这口香糖为什么没有味道?"士兵问。

"因为我嚼过了。"将军说。

信息看似越来越多，但这些信息很多变成了无味的"口香糖"。假如直接把这些口香糖给大众，读者会撕书骂出版方的。于是，他们还在书中加入了"辣椒""味精""大料"等作料，这样一看，书的内容也就精彩多了。但是，读书学习和我们吃饭一样，习惯了刺激性食物以后，就不那么容易享受真正知识的味道了。

因此，大众离真正的知识，正在渐行渐远。也就是说，知识有源头，而我们要做的，不是读加了作料的书，而是要找到知识源头。

知识源头的浓度和质量很高，底层逻辑与基础概念十分丰富。当一个作者吸收了源头的知识，再变成语言讲述出来时，我们吸收这样的二手知识，就相当于吃了一块嚼过的口香糖。不过，二手知识已经不错了，那些我们生活中常见的帖子、朋友圈转发的内容，很多是四手，甚至五手信息。看多了这类信息，会让人变得失去鉴别一手信息的能力，这也是我们为什么进步缓慢的重要原因。

因而，想要让自己的学习起到效果，最好的办法就是找到知识源头。

◎知识源头，地道的一手信息

1973年，诺贝尔经济学奖获得者赫伯特·西蒙与威廉·

蔡斯合作发表了一篇论文，该论文是关于国际象棋大师与新手的内容，首次提出专业技能习得的"10年定律"。据研究发现，国际象棋大师根据长时间对棋局的记忆，有5万至10万个棋局组块，而这些组块需要花10年的时间才能获得。

1976年，基于西蒙与威廉的理论，埃里克森对国际象棋大师做了进一步研究，并和西蒙合作发表了论文。

1993年，埃里史与克朗培、泰施罗默又做了大量研究，发表了一篇题为《刻意练习在专业获得中的作用》的论文。

这些科学家、学者研究的第一手资料，我们称之为第一手信息。

◎ 忠实转述的二手信息

刻意练习逐渐被运用到专业技能的提升中，基于每个人理解不同，不少人对刻意练习的理念产生误读。于是，在2016年，埃里克森为了让读者正确理解刻意练习，出了一本叫《刻意练习》的书，他在书中特别强调，并没有一个确定的时间门槛让人成为大师。

而我们经常提到的"1万小时定律"，在本书中，埃里克森也并没有提到，而是告诉我们，在不同的领域，到底要花多少时间。像学习小提琴的学生，在18岁之前，花在练琴上的平均时间为3420小时，而优异的学生平均练习时间为

5301小时，杰出的学生练习时间平均为7401小时。

除了时间外，还要保持刻意练习，同时与练习的方式方法、难度高低等也息息相关。低水平的勤奋，无论练习多少个小时都不能成为大师。

2016年11月，TED邀请了学习专家爱德华多·布里塞尼奥做演讲，他演讲的内容为"如何在你关心的事上表现更佳"，在演讲中，他重复了此观点。

这些重复的内容，属于二手信息。

◎ **简化和"极端"的观点，属于三手信息**

有些内容为了传播广泛，更通俗易懂，会单独提出一个概念著述成书。比如，马尔科姆·格拉德威尔，并没有提到埃里克森的"刻意练习"，而是在《刻意练习》这本书中，抓取了"1万小时定律"这个概念，写了一本传播很广泛的书《异类》。

我想很多人都听说过"1万小时定律"，但这个概念，还需要更大的主题——刻意练习，没有这个概念，"1万小时定律"则不能让人成为大师，也无法让人成功。

因此，简化和"极端"化的表达，属于三手信息。

◎ **个人经验的情绪化表达，属于四手信息**

点开朋友圈，会有无数个来自于公众号、培训师、人生导师的经验分享，他们会对某个理论基于自己的理解，告诉你人生该如何做选择，如何做满"1万个小时"，并成为人生赢家。

个人经验、1万个小时的诀窍、1万个小时的练习方法，以及各种励志故事，这是第四手信息。

信息越个人化，反而离我们越近，那么你分别在这四种信息中，花费了多少时间？如果你读了第一手信息，你能第一时间知道事物的原理，并着手去做；如果你花了一天的时间读完《刻意练习》或《异类》，那你相比阅读英文原版的论文，得到了更高的阅读快感。而大部分人在听到"1万个小时定律"以后，有时还搞不清楚全部的逻辑，便着手去做，很可能付出了两三年的时间也没有效果。

试问，时间去哪儿了？因为认知不同，效率也不会相同。

◎ 如何才能找到知识源头

知识源头一般是一手研究论文，行业学术期刊，最新行业数据报告，以及行业领军人物交流沟通的内容等。这些内容没有经过加工，经过系统的编排大多能发表在专业的学术期刊上。

有时，我们无法找到这些内容，他们可能来自于不同的国家，语言是最大的障碍，而这些内容艰涩难懂，实在来不及看，或看不懂这些内容。

其实，来不及看这些内容也没关系。当下互联网很发达，我们可以追随站在知识源头上的人。像有些人开了专栏或音频内容，你可以同时订阅几个专栏，掌握第一手信息。

在生活中，经常听到有人这样说："你这个理论，我早就听过了。"说这话的人，一般心智较低，对知识不够敏感。而心智高的人则会思考："你这个与×××说的一样，他为什么这么说呢？"由此问题便能意识到，源头的知识是聚合的、统一的，而不是不同的。

朱熹曾说："问渠那得清如许，为有源头活水来。"站在源头，你的心智就能慢慢变得成熟。

◎ 如何读书

虽然，我们已经学会了区分知识，但如何阅读知识呢？换句话说，如何正确地读书才更有效呢？在信息爆炸的时代，一天的信息量已经多到我们一生也阅读不完。可是有些人，每次总能出口成章，好像读了海量的书，聊了一些我们完全没有听过的概念，同样的24个小时，为什么人与人之间的差距这么大？

很多人以为，只要多读书，就一定能出口成章，像领军人物一样厉害。事实上，这与你读了多少本书没关系，而是认知效率问题。

因为认知不同,产生的回报完全不同。当你认为,只要大量读书就可以时,已经陷入了低水平的勤奋中。而成功的人,则是把时间花费在最精华的资源上,并以高出常人多倍的认知资源学习,试问,你如何去比?

认知心理学认为,成人学习想要提高效率,有三个条件要求:有目标导向、即时反馈、最近发展区。

如果你想学习英语,如何学习更快呢?当然是去国外,不出3个月就能顺畅交流了。因为在国外,在"最近发展区",交流是刚需,有"目标导向",老外能时时纠正你的发音,并带着你学习,也就是能获得"即时反馈"。相反,为什么有些书读了半天,意义也不大,像销售者必读书单之类的。因为这些书单,认知资源的目的性弱,实践环境单一,且难度不一。那么读书呢?当然也要有目标导向,能即时得到反馈,同时离发展区最近,只有这样读书,才能解决当下问题,学了有地方用,而且难度适中,是离自己最近的知识。

如果你当下目标是提升认知,那你应该读一读与认知相关的书籍,并从生活中着手去理解,吃透,提升的速度就会很快;如果认为社交时自己的语言过于枯燥,想增加自己的知识量,那你可以选择《好好学习》《生涯混沌理论》等书,并用上下班时间阅读,然后与人交流时多讲一讲书中的内容。

在读书时,最好不要拿过一本书来就读。最省时省力的办法，是先看书评，看各大平台对于这本书的评论，并在同类书中找到评价最高的一本。然后，看一看这本书的目录，大概知道这本书的框架，必要时还可以读一读免费的章节。

最后再看具体章节，切入重要的内容。你虽然花了15分钟来选书，但远胜过盲目地选择，比在一本书上花了好几个小时更有效。

◎ 找不到源头就提取精华

我们不仅要知道学什么，还要知道怎样学，同时必须要知道在什么时候调取什么样的知识。这就像你有一张银行卡，如果不知道密码，那么卡里有多少钱对于你来说，都没有任何意义。大部分人，往脑子里存储了大量知识，可到了实际生活中，总是忘记密码，也就是无法把知识应用起来，实在可惜。

当我们读完一本书，不是背几句书中的句子就可以了。有时，还要把一本书的精华提炼出来。读书时，遇到了好书，有知识体系的书，想要把这些知识记在脑子里，最好做一个思维导图，这样就能提取出全书的精华。

在运用时，你可以跟身边的人讲一遍，加深知识的印象，并审查自己所讲的内容，与书中有没有差距。因为你讲述的方式、结构，呈现出来的方法、模式，肯定会与原书不同，及时调整才能确保不偏离精华体系。

当你的脑子里积累了足够多的思维导图，就需要将这些知识体系再提取，并尝试构建自己的知识体系了。

1. 给自己列一个标题，最好一下子能看到方法：关于×××的8个解决方法。

像时间管理、择业流程、情商提升等，便有了自己的深刻认知。比起那些零碎的句子，这些才更有价值。

2. 创造贴近生活的概念，把专业知识变成大众能接受的内容，这样能更好地传播。比如把时间管理内容，比喻为汽车、彩虹、手机等，只要能让大众理解，没有什么不可以。

都说"是金子总会发光"，可你就算是一块金矿石，没有经过提炼，依然是一块石头，与普通的石头看起来没什么两样。石墨和钻石也没什么不同，只不过因为钻石有非常稳定的六面晶体结构，由此成为自然界最坚硬的物质。

你看，知识量并不是重点，你的脑子里储存了多少知识体系才是提取能力的关键。

◇不要成为信息的搬运工◇

互联网让很多人养成了一种叫作"囤积癖"的病。人们在网上不断地下载电影、书、软件，积累了好几个T的内容，但下完之后，就再也没有看过。还有一些人，每次遇到好玩的文章或内容，便会收藏起来，或者拷贝到自己的电脑里，等着将来作为参考资料。搜集信息没错，可存而不阅，不过是做了知识的搬运工。

搬运工与深入的思考完全不同，并且很多信息常常是自动化处理，觉得不错就存起来了。而把这些内容拿出来用，则是一个更为主动和主观的过程。前面我们提到了知识的提取，但真正的应用又会因为各人的视角不同，理解起来也千差万别。俗话说："一万个人眼中有一万个哈姆雷特"，那同一个知识，一万个人就有几千上万种解读方式。正因如此，才有了那么多人解读"1万小时定律"。

◎ 解读的规律

为了说明解读的规律，拿"1万小时定律"来举例，就能看到不同的人，不同的解读：

1. 在孩子眼中，"1万小时定律"是难以理解的概念，即使理解了，也会把这个概念变换成种种场景，编成故事。因为在孩子眼中，关注的是最直接的信息，关于1万个小时的故事。

2. 在成人眼中，"1万小时定律"是一种提升技能的方法，他能想到的是刻苦地练习，更关注价值、意义和技巧。

3. 在专业人士眼中，"1万小时定律"是他们要做的课题。

他会研究，这条规律是如何被研究出来的，为什么会这样说，还有哪些案例证明它是错的或者对的，以及能否再有新的发现。也就是说，专业人士更关心的是结构与实现。

在我们的学习中，面临着种种"1万小时定律"问题，多数人都扮演着属于自己的角色。一般人只关心这本书说了什么，传递了哪些知识，从本质的属性上概括这些内容，并评价它们的价值和意义。只有少数人，会以学者的角度去研究，把任何材料当作范本来观摩与分析。漫画家几米能成为知名的漫画家，离不开他的专业研究。在他的自述中，讲述了自己学习漫画的经验，他遇到任何书里的图，都要拿来研究，然后仔细研究每张图的细节，揣摩作者为什么会这样画，这么去表现。以至于像英文刊物，他也要研究一番技法，哪怕不能完全理解其内涵；而日本的女性杂志，专门教人贴面膜化妆的小图，他也从中挖掘出了很多方法，即如何用简单的方法表现动作要领。而这样的学习方式，几米至少坚持了十年。

因此，解读也有着一定的规律，一般不外乎从三个方向来思考：

1. 它说了什么？我获得了怎样的感受？（内容原本传达的知识与信息）

2. 它是什么？我能获得什么价值？（对内容的反思，对内容进行审视、评价和定性）

3.它是如何组合而成的？效果是如何实现的？（对形式、结构、构成、手法进行研究）

想把任何一件事做好，都要研究背后的内容与技法，并学会从多个层次解读它，这样才能真正地让自己成长。如果不做挖掘，仅仅只是吸收信息，那永远无法成为一个专业的人。

◎学会扩展，知识才能丰富

教育心理学把在某一领域有专长的人士称之为"常规型专长"和"适应型专长"两类，其中常规型专长人士具备一个固定的知识系统，能高效率高水准地把所接触到的信息材料进行分析；而适应型专长人士，则能让自己的能力不断"进化"，提升自己知识的广度和深度，通过扩展的方式适应问题并解决掉。

常规型专长人士，他们一般是某个领域的学者，主要接触的信息来自于固定领域的著作，这些著作未必与现实生活相关，而是直接就最深层次的问题进行研究，这样一来，他们只有知识的吸收，却没有扩展的机会。而适应型专长人士通常是我们见到的专业人士，实践型专家，为了探讨职业、生活、生存、技能等领域，必须去应付单一领域的知识和信息，并接受这类知识的刺激与挑战。在知识的获取中，他们必须在不同的领域穿梭，并把这些知识系统地进行扩展，由此发展出自己的理论知识。

哲学家怀特海在《思维方式》中写道:"理解的推进有两种,一种是把细节集合于既定的模式之内,一种是发现强调新细节的模式。"前一种是对新材料的加工,后一种是发现模式的理解对新材料的深层次加工,他极力推荐后者。

学会扩展自己,则是在不同的领域中擦出火花。你可以用新概念解释旧概念,也可以将几种知识打破、集合、整合、重新架构,变成新的知识体系。这种做法,正验证了一句老话,"世间万物都是相通的"。唯此,才能找到事物的共同点。

◎深度学习,挖掘海面下的冰山

许多人看书,为了娱乐还是会蜻蜓点水,走马观花,没过多长时间便忘得一干二净。但真正的学习,不仅要提取精华,学会拓展,更要挖掘深度。这就像海上的冰山,我们往往看到的只是冰山一角,海面下的部分也很重要。教育心理学的观点认为,对某一事物的知识掌握,应区分为了解和知晓两个层次。像写作一样,了解写作的人会把写作的理念讲得头头是道,起承转合、情节设置、矛盾冲突等无所不知,但如果问他到底该针对某些情节做出哪些有创意的设置来,他可能会茫然无措;而真正写作的人,则是知晓什么地方该怎样写,什么样的创意能吸引读者看下去,并对"表面"上的理论做出修正，找到自己的答案。这个方法，很像几米学习漫画，把简单的书，往深了读，直到挖掘出冰山的全部。

金克木先生，是学习高手，他曾写道："我读书经验只有三个字：少、懒、忘。"不过，他又说："现在比以前还多了一点，却不能用一个字概括。这就是读书中无字的地方比有字的地方还多些……古人和外国人和现代人作书的好像是都不会把话说完、说尽的。不是说他们'惜墨如金'，而是说他们无论有意无意都说不尽要说的话。越是啰唆废话多，越说明他有话说不出或是还没有说出来。那只说几句话的就更是话里有话了。所以我连字带空白一起读，仿佛每页上都藏了不少话，不在字里面而在空白里。似乎有位古人说过，'当于无字处求之'，完全没有字的书除画图册和录音带外我还未读过，没有空白的书也没见过，所以还是得连字带空白一起读。"就像李安导演的电影《少年派的奇幻漂流》一样，作者不仅仅讲述了一个故事，还有故事背后传达的隐喻，只有通过对电影情节的分析和手法的抽丝剥茧，才能挖掘出作品的深度。

◎找到智慧的小铲子，解决面前的冰山

所有的理论，都要归根于怎么做，如何做。而对于深度学习，也不是没有方法。这里提供三种方法，方便大家找到

智慧的小铲子，把面前的冰山铲平。

1. 不只要会总结，还要知道过程。一本小说，我们更关心故事走向，坏人有没有受到惩罚，男女主人公有没有在一起。而对于知识型书籍，也更倾向于，呈现了什么结论，告诉了哪些道理。其实，这样的读书方式，收获并不大。高效率的做法是，不只会总结，还要知道结果是怎么得来的。如果看小说，我们就要思考作者是怎么想的，为什么要这样设计情节，如何把故事变成了一个既在意料之外又合情合理的结果；如果是知识型内容，可能就要思考，作者如何把材料论据进行推理，使观点成立，又把人说服的，他找到了什么样的材料，这些材料如何而来。也就是说，要把自己的脑子，尽量变成作者的脑子，尽管最开始很难，但只要开始做，就能越来越贴近作者。像侦探推理案件，就是把犯罪的现场在头脑中做了还原。

2. 不只要归纳整理，还要重新拓展。归纳是我们从小就学过的技能，语文课上，老师教我们如何把一篇文章总结成大纲。其实，任何一本书，每个章节都能提炼成大纲，一本书也能浓缩成几句概括性的句子。不过，归纳总结会带来信息的减损，原来的构思、细节、论述等，都被浓缩掉了。而一张思维导图，更是提炼了最为精华的部分，不过难免会失去对你有启发的信息。所以，智慧的另一把小铲则是，把你提炼出来的精华，给它重新构思一遍，试着去拓展，这样你能更加了解作者是怎样思考的。同时，也能为你的思路带来创新。作者是这样思考的，那我那样思考行不行？能不能说得通？做了这些功课，你会发现自己读出了真味来。

3. 不只要找到相似，还要对比不同。一篇文章内容，我们难免会用过去的知识与之对比。这种对比是一种好的学习方法。但根据人类的惯性，往往会对比相同的地方，因为熟悉的部分意味着安全，意味着无须对原来脑子里的知识进行校正与修改。对于不同之处，要么不接受，要么进行批评评论。有人说"太阳底下无新事"，可是有些事是有前提的。就像"1万小时定律"离不开"刻意练习"，两者之间有共同之处，当然也有不同之处。只有加以对比，才能更好地应用到生活中。

科学家彭加勒在《科学与方法》中说："我们不去寻求相似；我们尤其要全力找出差别，在差别中我们首先应该选择最受强调的东西，这不仅因为它们最为引人注目，而且因为它们最富有启发性。"

所谓的最为引人注目的地方，便是面前的冰山了，只有挖下去，才能看到冰山的全貌。

◇ 找到中心点，你就能成功与世界联机 ◇

提高认知效率，能让一个人很快学有所成，获得高价值回报，并成为一个有知识的人。但真正厉害的人并不甘心止步于此，他们还会通过知识，借助规律，放大投入，完成进一步提升。

在传统的学习中，我们往往会自己悟，等自己学通了，再出来教别人、写书等。当然，这样的方法是不可或缺的基本技能，但在信息爆炸时代，我们可以借助新方法，让自己用最短的时间完成提升。

◎ 打磨自己，同等换取

时代进步极为快速，甚至一眨眼的工夫，世界已经发生翻天覆地的变化。在加速的变化中，有时我们接到某些特殊任务，必须在短时间内完成。这时，证悟、学通则完全来不及，只能试图走"旁门左道"了。

19岁那年，李小龙刚到美国，他练习过几年咏春拳，但并不是最杰出的。当他24岁作为嘉宾出席加州长堤国际空手道锦标赛时，已然有了高手的风范，中间仅仅用了5年的时间。是什么方法让他在5年内，在武术思想和造诣上得到了如此之快的发展？除了天赋之外，还离不开他的学习。

当时，武术界较为封闭，一个人拜入某个派别，便一日为师终身为父，如果未经师父允许而去学别家功夫，就等于欺师灭祖，更不用说把武术公开人人学之了。李小龙没有门派之见，大二时开始教授咏春拳，吸引了大量武功高手。他最早收的两名徒弟中，一个练习柔道，一个练习空手道，便从弟子那里学习他们的武术，迅速整合到截拳道中，分享给更多的弟子。他不仅将自己学来的哲学和心理学搬到课堂上，还融合他人之法搭建了自己的武术哲学体系。他自己的功夫也渐长，成为一代高人。

李小龙的学习方式，不是自己找方法，而是找到中心点，联机学习。即"用答案换答案"。这种方法能快速成长，并自学成为高手。

1. 打磨自己，熟悉某领域，获得与人交换的第一资源；
2. 把自己的资源抛出去，换取别人的资源；
3. 重复前两步，积累更多的知识与资源；
4. 整合到一起，创造出自己的知识体系。

信息时代，知识越来越没边界，将有人整理过的知识彼此共享，就能获得第一手高价值信息。这种学习方法可能一开始让人很不舒服，但"调用"并"整合"他人的答案，确实比任何方法都快，也更重要。

◎ 头脑风暴，找到答案并换取答案

一般情况下，人们遇到问题往往是自己找答案，如果实在解不开这个问题，才会去网上搜索，跟朋友交流，或与同领域的人交流。这些方法可行，但实在不够高效。与其自己解决，跟朋友商量，不如来一场头脑风暴，许多问题一下子就能得到解决。

那么，什么是"头脑风暴"呢？有一个知名的"砸核桃案例"，这个案例能解释清楚"头脑风暴"这个概念：

组长：我们接到的任务是砸核桃，要求是多、快、好，大家有什么办法？

甲：平常用牙咬，用手或榔头砸，再或者用钳子夹，用门掩。

组长：这样的方法不是不行，但核桃多，速度太慢了。

乙：应该把核桃按大小分类，然后放在压力机上砸。

丙：把核桃裹上粉末之类的东西，使之成为大小均匀的圆球，然后再在压力机上砸，这就避免了分类。（根据上一个方法发展了新方法）

丁：裹上粉末可能会有磁性，经过压力机上砸压后，由于磁场的作用，核桃壳可能会完全脱掉。（在上一个方法的基础上，又应用了物理效应）

组长：不错！大家再想一想，用什么样的力才能把核桃砸开，或者用什么样的办法得到这些力？

根据组长提出的新问题，甲乙丙丁继续探讨下去，便能解决力的问题。答案快速得出，方法很简单，只要将不同领域的人聚集在一起集思广益，就能直接获得结果。因此，遇到问题时，一定要找人，问一问自己跟谁在一起能尽快获得这个答案（并不只是朋友或同领域的人），在此之前要准备什么，如何提出高质量的问题，并共同找到答案。

人类历史上三次最著名的知识大爆炸，都是跨界"头脑风暴"而获得的。像春秋战国时期的百家争鸣，就是各诸侯为了自保，便把技术人员、学者，甚至做饭的厨子聚集在一起，大家基于不同的工作，坐在一起开脑洞，讨论到底该如何治世，这个阶段被称为"百家争鸣"。

◎ 执行"头脑风暴"的必备条件及方法

互联网日益发达，将不同领域的人组织到一起并非难事，你们甚至可以开个群展开头脑风暴。很大程度上，你不需要懂，只要知道谁知道就好。当一群人的大脑互联，就会变成一个"知识量丰富，理解能力升级"的集体。如果几个人配合得好，观察范围大，几乎可以做成任何事。

但头脑风暴并不简单，也有一些窍门与方法，不然就变成了合作"开公司"模式，那样的话很容易面临"倒闭"的危险。

在进行头脑风暴时，有两个重要的点无法忽视，一个是提问，一个是整合。

面对没有创造性的问题，头脑里的知识也不会调用出来，机器搜索比人类的大脑更快，又何必使用人的大脑呢？因此，好的问题才能换来有创意的结果。比如,写作的时候,我经常会问自己与本书有关的问题,"有哪些例子能讲明这个道理?""我还可以想到什么样的操作方法?""生活中最大的一次提升经历是什么?""是否能找到更好的实用方法?"

你所提的问题,最好有一个结构共识,场景——分析——概念——案例,或者数据——技能等。

接下来,可以着手解决另一个问题——整合。你最好找到4个不同领域的人,他们可以是艺术家、药剂师、医生、作家、销售人员、厨师等。领域跨度越大,产生的火花和创意则越丰富。

等你把人聚齐后,先各自找资料,共享到群空间,然后约定时间在群内交流。如果大家生活中遇到一些好玩能开脑洞的事,也可以先分享出来。平时有什么好玩的想法,也可以先发到群里作为素材。

最开始,可能很多人不愿意发言,处于观察状态,所以你必须带动群内氛围,告诉他们,每个人领域不同,无须顾及太多,也没有什么高下,只要表达出自己所在领域的观点就好。

具体的操作方法是:

1. 在群里先抛出几个话题,话题最好与大家的领域都能有联系,并且越具体越好。"读一本书有没有更快的方法?""我的品牌如何快速形成影响力?""如何让客户上门?"等。

话题一定要提前抛出来,这样大家才能先搜集话题内容。

2. 主持人控制时间,中间可以打断,记录员记下重要的内容。

3. 每个人用固定的3至5分钟来阐述自己的想法。每隔1个小时左右,可以休息10分钟,中场休息时可以私下聊天、休息等。

4. 第二轮开始交流,并固定好时间。

5. 中间不可以一个人讲起来没完没了,遇到专业人士在群里,最好不要让他一个人滔滔不绝地提问,并让他发言。因为他进群是为了自己获得知识和创意,而不是把自己的观点不断共享出来。

6. 不用着急当天出结果,可以持续讨论。

7. 记录员将记录发给所有人,第二天继续讨论。

最初,每个人的观点可能不够新鲜刺激,这因为你们彼此磨合不够,或者不敢放开讨论。但随着时间的推移,彼此越来越熟悉,这种简单的方法一定会产生远超个人的创意。

◇ 向自己提问,比找答案更有效 ◇

讲到头脑风暴,似乎遇到了一个自相矛盾的问题,一方面我们强调专注、聚焦,另一方面又要跨界、整合。看似矛盾的问题，其实一点也不矛盾。专注是一种态度，一种高效的执行力，甚至是为了成功而聚焦于某领域、优势的能力。而头脑风暴，是为了在某领域获得创意的一种方法，你要做的并非了解这些领域，而是借助他人的能力，让自己的知识、技能获得提升。

当你身边无法聚集一群人的时候，事实上你自己也可以展开头脑风暴，但想要执行此方法的前提是，你要不断地向自己提问，问对问题，才能找到更好的答案。

微博名人和菜头说："我很难说有什么书是全无价值的，甚至我都不能说出，自己在特定领域的进展是依仗了哪些书……我被卡在这里，我在B领域随便翻翻，却突然看到某个方法、思路，让我一下理解了A领域那个被卡住很久的问题。"

工业化时代，分工稳定，每一个领域相对独立，一个人有机会学完某领域的所有知识。但在一个时代高速发展、变化快、多领域跨界的时代，完成一项任务，必须要调动多领域的知识，这些知识靠自己一点点去积累显然来不及。生活中最常见的情况，自己开一个公众号，立刻写一篇文章，也需要运用多领域知识。你要理解用户的痛点，要理解传播学中的标题党，要懂得运营以及发布渠道，同时还要有整洁的版面设计。等这些知识全部学完，至少需要两年，那时公众号的红利期早就过去了。

可是，许多人依然在并不是完全懂的情况下，开了公众号，并做得不错。他们是怎么做到跨界并做得专业的呢？

◎ **以问题为中心，获得尽可能多的知识点**

以我们现在的知识量来说，往往学习的速度赶不上遇到问题的速度，因此人们经常陷入困境中。可是，世界上的书多到几百年也读不完，而我们平常读到的书，学到的知识，未必能变成"有用"的知识。

不过，我们当下考虑更多的是如何学习，而不是"学来干吗"。当你开始思考这个问题的时候，便会发现，真正能解决问题的，是一连串的知识点，它们由一个一个场景组合起来。

在传统学习中，我们往往会制订计划，尽可能地安排缜密，并规定接下来多长时间内读完某本书，然后将书中的内容做成笔记，最后对笔记进行整理，并把知识要点提取出来。这虽然是学习的好方法，能坚持学习下去，也能成为某领域的学者。但当下最重要的是解决问题，因此当下你需要的知识，是用来解决问题的知识。

"撒谎对自己有利的时候，为什么要说实话？"这是维特根斯坦思考过的第一个哲学问题。那时，他只有八九岁，问了自己这样一个问题后，一直苦苦思考，但最终也没有得到满意的答案。这个问题一直在他的脑子里，逼迫着他揭开谜团。传记作者蒙克在《维特根斯坦传——天才之为责任》中说道:"那种问题激起的强制倾向把他拽进了哲学。"仅仅作为一个学习者,问题能让我们成为一个好老师。但好的问题,能让我们成为专家,解决当下的问题。

维特根斯坦一直想解决撒谎的问题,那么你想解决什么问题呢?

你想学什么,就在于你想解决什么样的问题。专注于这个问题,调用多元知识,这个问题就能得到解决。

就像我们经常遇到的问题,书籍太多,读不过来怎么办?

一般人会感叹下,并抱怨自己时间不够用,社会发展太快等。但如果你多问一句"为什么",或许答案就会更有深度。

为什么书读不过来?因为方法不对,信息正处于爆炸时代。为什么会有那么多知识爆炸?因为网络扁平化,人人都在表达自己的观点。那我为什么非学完不可呢?当然不一定学完,最重要的是找到有用的就行了。怎么才能找到有用的知识呢?

很明显,越是不断追问下去,问题就越有深度。当你问到"怎么才能找到有用的知识"时,你就会因为这个问题去找答案,而不是抱怨、困顿。因此,提问会倒逼你更新知识、深入思考。为了这个问题,你会主动去寻找有用的知识点,筛选那些暂时对你无用的知识。这很像搜索引擎,当你输入一两个关键词后,答案就呈现在了一个个页面上。这个页面是为了解决问题的，独一无二。当你在搜索某个问题时，就等于"创造"了一个新的页面。

◎为什么每天进步，还是没长进

有些人，每天读书、报班学习深造，可一两年过去了，往往发现自己也并没有提升多少。事实上，人们对于之前学到的知识，一个星期后就会记忆模糊，需要反复复盘，才能在一定的基础上获得提升。当然，持续学习，也不是没有长进，只是长进的速度并没有让我们立刻成功。

而基于提问的学习方式则不然，能立刻让我们基于解决一个个问题，变得越来越有能力。这种学习方法的好处在于，在遇到知识的时候，你能立刻判断它是否对你有用，以及它对你是否重要，是否要记录下来。一开始知识搜集可能十分杂乱无章，但随着想法越来越多，问题越来越深入，管理的知识某些也会失效。但你根本不用在意，因为它对你没用，无法解决问题。一个好的知识、文章，错过以后真的不会再找到了吗？当然不会，当你需要解决某个问题时，只要这篇文章、知识是你需要的，它依然会被再次提取出来。不过，这一次就不一样了。

基于问题的解决方法，能让你减少关注点，省更多时间，让知识更少但更精。

◎到底要如何提问

网络上经常流传着各种书单,而我们也往往被书单吸引,似乎得到了书单,就等于打开了智慧之门。但事实上,这些书你真的读过吗?读完以后,真的立刻解决我们的问题了吗?就算某些书能解决我们的问题,往往我们也没有实践的动力。

或者,列一个问题清单才更有趣,也更能解决问题。

这个问题清单,可以很长也可以很短。你可以把自己的问题全部列上去,并根据问题再去购书、搜文章、找答案,是不是更快速了?假如,你想解决"为什么努力了还是没有成功"这个问题,你会先去搜索引擎寻找答案,在找答案的过程中,看到了某些名人推荐的书籍,接着有针对性地买书来看。这时,你选择的书籍,可能涉及时间管理、情商提升、技能提升、哲学等种种领域,个人的头脑风暴便展开了。

当然,这个问题可能会让你接着探索一个又一个小问题,但随着小问题的解决,你能明显感觉到自己在聚焦,因此也会越来越有智慧。而那些成功人士,往往都是这么思考问题的,并最终成了厉害的人。

你想要集中研究一个问题,最好的办法是,假装自己在写一本书,并罗列出这个话题的目录,像努力的3种方式、哪些人通过努力成功了、努力真的管用吗、成功到底是什么……

把找到的资料,加上你的思考补充到目录中,每天可以写一点,遇到了好的知识点,也可以立刻放到"书"中。

另外,在提出问题时,有几个思考角度需要考虑到:

1. 证据:如何知道是对的,还是错的?有什么证据可以证明吗?

2. 视角:如果换个视角看问题,会是怎样的结果?到底要站几个角度,才能得到确切的答案?

3. 联系:这些问题与跨界领域之间,是否有共同的规律与模式?之前有没有见过这种规律或模式?

4. 猜测:它应该是怎样的?还能怎样呢?

5. 相关:它为什么重要?

这5个问题,来自于教育界"小型学校运动"的开拓者梅尔。在他的学校里,知识点不重要,这5个问题却是讨论的核心。每一节课,学生都会围绕这5个问题展开提问,并一一解决。

有些问题,可能无法短时间内解决,像维特根斯坦一生也没有解决关于撒谎的问题。所以,有些问题也值得我们用一生的时间去探索,可以说,时间越长,问题越有深度,它越能让我们变得有价值。《人是如何学习的》一书中有这样的研究,有教育学家比较了物理学和历史学领域的转接,以及新手在知识组织上的差异，结果发现，这两个领域中，专家的知识根本不是对事实或公式的简单罗列和堆积，而是围绕着核心概念或者"大观点"组织起来的，这些大观点，引导着他们不断地构筑和拓展自己的领域。

◇把学到的知识，转换成自己的价值◇

我们学习知识、解决问题，最终的目的不过是把知识与解决掉的问题变换成价值。商场如战场，知识场也如商场，同样淘汰的速度十分快，因此，紧跟时代步伐，甚至走在时代的前沿才能混得一席之地。

那么，如何才能让知识转换成价值呢？

当然，还是离不开有一个傍身的技能，然后再去寻找擅长解决这方面问题的高手。像我们看某些人物的传记，了解某些人物的经历，便是学习的方法之一。不过，有时我们不要被他们的故事所迷惑，他们的成功方法才更值得我们注意。

彼得·德鲁克，是一个终身提问者。他一生写了40本书，并创建了属于自己的"管理学"，他写作、做咨询和教书，是数任美国总统的顾问，也为许多企业做过咨询，更是商界许多领导者的导师。

其他管理学大多来自于理论，而他的学术研究更多来自于实践，在他的每本书中，都要解决一个实际的问题。他在1946年出版的《公司的概念》这本书，就是在通用汽车公司工作和观察下的结果。他的《卓有成效的管理者》也是他思考问题，并解决问题的书。在解决问题时，他研究管理学、创新、非营利组织、生态远景、亚洲发展，以及政府与企业的关系等。

当他们发现的问题得到解决时，便有了方法，把这个方法告诉大众，便有了作品，因此这些知识成了价值。成功者不仅输入，更重要的是输出，并且在跨界整合中，整理出一套属于自己的知识体系。

也就是说，所有的知识最终要变成"产品"，而自己是"产品"的研发者，或者说操作人。

◎ 好问题，才有好价值

成功者离不开提出一个又一个问题，因此，设计自己知识体系的第一步，便是找到真实、有价值，并且有可能被解决的问题。

这个问题目前存在障碍和挑战，我们将围绕这个问题找到答案。

1. 找到真实的问题。有些问题只能回答"好"或"不好"，"行"或"不行"时，就是一个无解的问题，或者说没有提出真实的问题。好的问题，则是开放式的，而且真实有效的。像"如何才能成功？"这并不是一个真实的问题，虽然这个问题很开放，但在行动中未必能做到成功，而且成功的方法太多，你就算研究透了某一种，也存在着无数的答案。

但是像"鱼的记忆只有七秒吗""我用什么样的方法能多交谈10分钟"这类问题，就是真实的问题，因为这些问题能让你聚焦到某个点上，而且十分有价值。

2. 找到高价值的问题。任何一个问题，都是有价值的。但价值也分高低，如果不能与当下生活有联系，很容易走入"低价值"问题的陷阱。像在朋友圈，经常流传着《为什么×××电影，影响了×××的一生？》这种文章，这样的知识，确实吸引眼球，但却与我们的生活没有任何关系。如果你靠写作为生，这当然无可厚非。但如果并非如此，最好不要占用工作时间去想这些"低价值"的问题。

3. 找到能被解决的问题。有些问题，是没有办法解决的。即使提出来，也只能是无解的。"如何在一个月内快速成功"这类问题，我想任谁也没办法给出准确答案。如果在一个月内能成功，那人人就去做了。设计思维中，这种无解的问题被称为"重力问题"。"为什么我的遭遇那么苦"这种问题，无所不在，也是"重力问题"。但如果你把这个问题改成"我怎样才能改变这种命运"，则变成了容易被解决的问题。

第二步，不是为了学习知识，而是为了解决问题。对知识有渴望的人，往往会忍不住读一本书，看某领域的学术论文。这并没有什么错，但切记不可投入太多时间。往往你过了"快乐"的瘾，实际的问题却没有得到解决，还因此浪费了时间。与其如此，不如以解决问题的高标准要求自己，不断地问自己："现在这个知识有利于解决问题吗？"如果能，那就继续看，如果不能，则可以做个标记，用休闲娱乐的时间看一看。

第三步，有了输出，才能逼自己不断输入。许多人读完一本书，思考通透一个问题，就不了了之了，他们没有把解决问题的结果传播出去。事实上，写作是一个非常好的方法。一方面，能建立起完善的知识体系，整理成有逻辑的内容；另一方面能把自己的知识，转换成价值，让更多人知道你有解决这个问题的能力。这个动作，能帮你找到更大的问题，以及提出更有价值的问题。

不过，很多人往往做不到，是被两个原因卡住了：

第一个原因是，追求完美，渴望一次成功。在"精益创业"部分，就讲过这个问题，一定要形成迭代，不断地分享出去。每一次收获可能是一个金句，一个思维导图，但只要有收获，就可以写成一篇文章，如果写不成文章，就把思维导图分享出去（提问题，思考后的思维导图），只有这样，才能不断积累，逐渐成形。等积累到一定程度时，就形成了自己的知识体系。

第二个原因是，害怕分享。有些人，为了面子，怕别人嫌弃自己的文章写得不好，怕听到反面意见，于是不敢分享；还有一些人，则不愿意分享，他们自己好不容易想通的问题，怎么能轻易告诉他人呢？

事实上，最好的输入就是输出。帮别人解决问题，看似去"免费"帮忙，但自己也在重新完善知识体系，修正了许多错误。写过文章的人都知道，只有落到纸上，才会发现自己漏洞百出。所以，分享不仅是在帮助别人，也在不断完善自己。

另外，分享知识能让你结识不同领域的朋友，你只有自身有闪光点，别人才愿意追随你，与你成为朋友。并且，一手知识更新速度极快，你不分享出来，不定什么时候别人就会分享出来。五年后，你手里的这些宝贝知识早就陈旧了。

◎ **连点成线，逐步积累**

最初，每一个知识点，都是一个小点，只有连成线，才能构成一个完整的体系。在最开始学习的时候，如果无法写成文章，不如把自己思考的内容放到朋友圈、微博等，三言两语总结出新收获，慢慢就能在某个领域成为"达人"。

如果你不想碎片化分享，可以逼自己每周写一篇文章，把一周的学习心得以新知识清单的形式分享出来，为更多人所用。

只要是真正有用的知识，一定能吸引第一批粉丝。他们可能是你的朋友，同领域的爱好者，随着时间推移，粉丝越来越多，慢慢开始有人打赏，知识变现为价值。

等你逐步有了影响力，此时知识也慢慢变得有体系，这时可以写书、演讲等，让价值不断放大，帮更多人解决更多的问题。

万事开头难。最开始时，假如自己没有思考收获，可以将有用的知识点抄下来，并分享出去。还记得上学的时候，我们抄写同学的笔记吗？不要小看知识点的分享，它的内容依然对很多人有用，整理知识也是一种重构。

◇让知识变成体系，发生巨大的化学作用◇

投资思想家查理·芒格说，他把只会用单一学科思考的人称为"铁锤人"。因为单一的知识是手里有一把锤子，看什么东西的时候，满目都是钉子，因此也就失去了基于事实的判断力。所以，只有涉猎广泛不同学科知识的人，才能把理论变成用以观察和分析现实对象的思维模型，也能在最大程度上避免思维上的偏差和狭隘。他认为，这种多学科思维模型的方法，可以产生爆炸性的合力效应，让人获得不同于常人的智慧。

查理·芒格所说的,便是知识体系。可见,知识体系是成功者必备技能之一。不过,知识与知识之间的关联,并非这么简单。这就像一棵树,有时我们只能看到每一片叶子,它是独立而分散的,可树叶的背后,是一棵大树,只有找到了树干,才能将这些知识串联起来。

没错,串联这些知识的方法是由一个个好问题组成的,好问题是连接知识的根。但生活中,往往我们未必能想到好问题,或者有价值的问题。这时,又该怎么办呢?那就用其他方法,让知识发生化学作用吧。

彭加勒在《科学与方法》中说,数学创造的实质,是从各种各样的数学知识的组合中找出最有价值的组合,而"最富有成果的组合常常是相距很远的领域取出的要素形成的组合"。因此,彭加勒研究的数学涵盖各个领域,他同时也是一位物理学家。

我们知道,彼得·德鲁克是一个管理学家。事实上,他还是一个混搭之王。他有一个爱好,每隔三年便选择一个领域深度学习,学得差不多时,再换一个新的领域。这些领域在大众看来有点不务正业,像东亚历史、小说写作、社会学、政治学等。他一生总共研究了16个学科。但是,当他带着上一个领域的知识进入下一个领域、再下一个领域时,这些知识聚集到一起,才发生了真正的化学反应。

◎ **化学反应之一：印证**

在头脑风暴中，不同的领域聚集到一起，就能发生化学反应。爱迪生的灯泡，也是用这个方法发明的，将玻璃、钨丝、钢铁等组合到一起，电灯就被创造出来了。不过，将多种领域或物质组合到一起容易，难的是到底要组合什么，或者说，这样的组合到底是不是可行的呢？所以，头脑风暴接下来的一步，便是去印证，探索大的规律。

彭加勒在《科学与方法》中，记录了自己在数学上的发现之旅。这个过程总共分三个阶段，第一个阶段，是有意识的思考阶段。他连续15天坐在办公桌前，苦思冥想如何才能证明富克斯函数是不存在的，答案却让他意识到原来这类函数是存在的，来源于超几何级数。第二阶段，他离开了办公桌，出门参加了一次地质考察旅行。在沿途观赏风景时，在马路上有一辆车踩了刹车，这一动作给了他灵感，他找到了重大的突破：把富克斯函数的变换等价于非欧几何的变换。随后，便去研究了一些算术问题但没有得到进展，于是，他去了海边度假。当他在悬崖边上散步时，突然想到，可以把不定三元二次型的算术变换等价于非欧几何的变换。第三阶段，他获得灵感后，再一次回到办公桌前，对这个问题开始深入研究，并最终完成了证明。

有些灵感,往往来自于领域之外,这是一个"意识——潜意识——意识"不断交换的过程。不过,灵感并不会自动找上门,而是之前意识到问题的存在,并在大脑里形成了潜意识,行住坐卧时这个课题一直存在,等潜意识迸发出灵感时,才会意识到自己的某项课题要得到解决了。不过,只有证明自己的问题得到解决,才能算真正的解决。

这种思考的作用,是之前积累的知识把"原子"激活了,为潜意识阶段的思考提供了素材,接着在潜意识阶段,这些原子便会与生活中各种各样的事情发生碰撞,在脑中建立各种各样的组合,并自动适配最佳组合,直到灵感涌现,才会在大脑中再一次形成意识。而那些原子,就是一连串的知识点,当你苦思冥想的课题在这一瞬间得到灵感时,已经发生了巨大的化学作用,印证的结果不仅仅是印证该课题,同时也能证明自己的课题形成了强大的体系。

接着再看一下,这些知识点、灵感点,到底是如何串联起来的?

赖声川在《赖声川的创意学》中,讲述了《如梦之梦》的创作灵感经历。他在罗马参观画展时,注意到了勃鲁盖尔的画作,在台北艺术大学准备与学生一起创作一部戏,在法国的古城堡里看到了已逝的外交官的铜像,在新闻里看到了伦敦火车相撞事故中那些被认定死亡的幸存者,通过报纸看到了关于无法诊断的致死疾病的报道,旅行时读《西藏生死书》看到临终病人向他人讲述自己故事的习俗……这些细节是一个又一个点,印在了他的脑子里,突然在一瞬间,起到了化学作用,接下来他在印证的过程中,巧妙地将这些点组合到一起,成了一个完整的故事架构,最后不断实践、印证想法,便拍成了《如梦之梦》这部作品。

如果提出问题,能将知识点串联成体系,那么为了一个课题,留意生活中种种细节,也能让毫不相关的知识点或细节变成相应的知识体系。不过,最重要的是灵感的实践,你必须有爱迪生发明电灯的精神,不断探索、领悟。

掌握这个方法,最重要的是灵感出现之前的酝酿与积累,素材积累越多,那么获得成功的概率也就越大。

◎ **化学反应之二:互补**

工作中,我们往往会站在不同的角度看问题,试图从不同的领域中找到答案。这种方法固然没错,不过这并没有让我们的知识建立一个完善的系统,同时思考到此为止,不免有些遗憾。如果能将这些知识互补利用起来,就能建立起一个新的知识体系。

诺贝尔化学奖获得者罗德·霍夫曼用"变形虫"来比喻不同视角的探索过程:"我所做的工作的特点像变形虫,我在探究化学世界的不同部分……我所研究的各种问题，就像变形虫的伪足一样从不同的方向伸出来。基于此，我就有了一个关于电子在分子中怎样运动的理论框架——分子轨道理论。我也相信，世上的每一事物都与其他事物相联系，只要我伸出足量的伪足，这些伪足就会伸入某一事物，通过该事物能理解所有的事物。由于从不同的方向出发，我敢保证，我没把自己锁定在一系列化合物内，而是被迫考察不同事物之间的关系。我认为美存在于自然界的复杂性之中。"

用生活中的小创意举一个例子：众所周知，现在的水饺极为丰富，除了能包出各种花边和造型外，还可以把面团和成不同的颜色。事实上，这些创意在没有发明之前，我们仅仅只想做一个普通的水饺并不难，那么要做出一个好玩、好看又好吃的水饺，就要去组合不同的材料了。由此，便有了新的创意。

知识领域也是如此。

日本艺术家村上隆在《艺术创业论》中，提出一个新的观点：

村上隆发现日本的美术大学并没有教学生如何谋生，而是让他们教学生赚钱。于是，学生变成老师，老师再教学生，构成了一个恶性循环。这种美术价值，并没有在市场中检验其价值。我们知道，传统的画家，是以销售自己的作品来赚钱，只有通过艺术创作与市场的互动,价值才能得到发展,才能在市场的反馈中得到创新和突破。

由此,他又指出,一件艺术作品想要卖出好价钱,关键是"通过作品,创造世界艺术史的脉络",是否开创了新的价值。一方面,它要找到进入世界艺术史的入口,能被艺术家和评论家所理解;另一方面,它又要有所突破,甚至要颠覆原来的观念。更直观地说,一幅作品,不在于它的画技、线条、颜色、构图等,而在于其背后的"观念"——艺术作品的价值就是观念的价值。有了这个观点,艺术市场便有了对艺术更加完整的理解。

事实上,将知识融合的关键,是能洞察出知识背后的"深层结构"。在表面不相关的知识背后,可以发现它的潜在相似性、互补性和启发性,并找到知识与知识之间隐含的联系。村上隆的新观点,是对于当时艺术生的问题解决,为他们找到一条出路,并在此基础上,结合当时的艺术理论,找到一个属于自己的知识体系。

而我们生活中的小发明,有时并不是解决了一个难题,很可能是借助某个观念,制造出了新的产品,像iPhone的发明,就是借助了村上隆的"价值体现在观念的更新"这个概念上,因此我们发现,原来电子产品可以与理论结合到一起,制造出不一样的东西。

PART SIX

你是在拖延,我是在思考

◇掌控思想,给大脑来一次断舍离◇

将自己的注意力转移到某些事物上,慢慢就能掌控自己的思想。不过,我们每天要面对各种没有价值和意义的信息,它们往往是三四手信息,充满了陈词滥调,或是猎奇惊艳,吸引着我们的注意力。在这些信息的冲刷下,我们渐渐失去了自控的能力,而这些信息也让我们变得没有辨别力和筛选精华信息的能力。当我们主动去打开手机刷微博时,我们的思考和记忆便被这些信息干扰和占据了。这时,别说掌控思想了,可能连自己的手都控制不住。刷刷刷带来的快感,让我们根本停不下来。

不得不说,我们的大脑与内存条一样,都是有极限的。当大脑里存满了垃圾信息,便无法腾出空间留给有用的信息,因此，我们应该给大脑来一次断舍离，将垃圾信息不断清扫，才能有机会提升深度思考的能力。

◎ **如何断舍离**

科技观察家克莱·舍基发现，信息过载不是因为信息太多，而是我们脑中的"过滤器"失效了。因此，想要来一次断舍离的前提是，把"过滤器"修好。也就是说，从根本上，像筛选知识源头那样先筛选信息。这个方法虽然可行，但有时并不容易做到。除此之外，还可以配合使用其他的方法：

1. 做不到筛选，至少不要参与。好的信息，专注于某个领域，高质量，具有思想深度。但有时，我们在筛选好信息时，难免碰到营销性的内容，而这些内容往往深入用户痛点，分散着我们的注意力。假如，我们还是会忍不住点开查看这些信息，但至少要做到不要参与其中，像评论、互动、转发等。简单的动作，不知不觉会浪费我们大量的时间，而我们一旦参与其中，往往我们大脑能记住的便是这些参与过的内容，而在此之前看到的重要内容会很快忘记。因此，每次在筛选重要信息时，遇到了营销内容（或者三四手信息）忍不住点开时，那就先给自己10分钟的时间，让自己再看一遍重要内容。这种做法，可能会让你瞬间冷静下来,也可能看完10分钟后再去看不重要的信息,但至少重复过一两次后,重要信息能在大脑中留有印象,胜过被无用的信息占据。

2.不要追逐所谓的创意,或者过热的信息。我们爱读书,爱学习,有时会被某些创意吸引,成为我们学习的对象或目标。著名的广告创意家史蒂夫·哈里森说,他非常反感那些参加广告比赛以拿奖为目标的创意团队,因为他们会追逐某些"时兴的套路",跟从、从众,所以,要想变得更加有创意,就要把《戛纳国际广告节获奖作品年刊》之类的书扔掉。疏离流行或过热的信息,才能屏蔽掉许多无用的信息。而网络上的热门话题,也多半是人为制造营销下的结果,通过迎合大众的眼球达到营销的目的。如果你不是营销、文案类工作者,则没有必要了解这些信息,如果你是这类工作者,则更不要被信息的表象吸引,你应该多探究背后成功的方法,不过许多信息都是一时热,往往这个创意或帖子能火,复制同样的内容则不一定起到好的效果。

3.重信息,轻观点。在互联网上,任何一个人都可以自由地发表言论。一个名人分享的文章,许多人也能评论留言。而这些留言,有时也会作为我们参考信息的依据,搞得我们很容易被"另外的信息"说服。有时,一个作者洋洋洒洒写下数千言文字，只不过反复强调了一个错误的观点，想要辨别观点是否正确，往往需要大量的时间。因此，我们在筛选信息时，必须要注重信息本身，并非评论或观点。以某件事的实质性内容为基础，来主动搜索想要的信息，就能过滤掉观点或评论。事实信息，包括了样本的调查数据，也包括深入的、丰富的细节描述，我们获得的信息越全面，才越不容易被评论或观点左右。因此，看到一个观点时，不用过多理会，无论看上去对你来讲多么有用，都应该先找到事实依据。

4.屏蔽外界，找到属于自己的一方净土。我们每天吵着自己忙，没有时间，但我想我们不会比那些商界大咖更加忙碌。他们日程排得满满的，依然会每年抽出一两个星期的时间闭关，也就是屏蔽外界的一切，找到只属于一个人的地方看书、思考，不被其他人和事打扰。你可能说，我有工作、有家庭、有孩子，根本没有这样的机会和能力。事实上，只要你所做的是积极的，让生活和工作能变得更好，你的家庭、孩子、另一半都会为这件事情让路。往往你抽不出时间，是因为他们觉得你在故意偷懒，逃避家庭责任。拿出你的真诚态度，让他们看到你的严肃，就能得到他人的谅解。如果一两天的时间过长，你可以争取每周半天的时间，或每周一两个小时的时间独处，这都能起到一定的作用。

◎ 培养简洁的语言，思路才能更清晰

信息被合理筛选后，进入到我们的大脑，我们加工、处理，然后表达出来。任何一个有用的信息，都离不开表达，没有表达自己的才华则才能无法被证明。但我们的表达，每一次都要复述看过的信息吗？每一个细节有必要全部说出来吗？答案：不是。当我们一遍遍把信息装入大脑时，有必要给它做一个简化，一方面方便我们大脑存储，节省脑容量；另一方面，方便我们用最精练的语言表达，清晰自己的思考。

1.培养简洁语言表达能力。一本书，一个剧本，或者一篇学术思想文章，往往离不开"简介"。它代表了整部作品的精华，是作者对它的提炼。而我们在存储信息时，不是只记得每一个知识点、细节就可以了，更要有提炼的能力。知识点、细节，可以记录在笔记本或备忘录上，而我们自己提炼出来的部分，记录在大脑则更有利于我们随时调用。当我们想起"简介"时，那些细节与知识点，很容易在大脑中迸发出来。

当我们输出时，也应该以简洁为主，只有删繁就简，才能节省我们的脑容量。试想，写一篇文章，与写一段话，同样的内容都会深刻地记在你的脑子里，哪一种更节省脑容量呢？这并非说，你在输出时，一定要用概括性语言，而是要让自己的文字尽量简洁清晰。

简洁是写作的主流标准。在英语写作圣经《风格的要素》这本书中,作者就极力推崇简洁的表达。而另一本写作指南《写作法宝:非虚构写作指南》中,作者威廉·津瑟写道:"好的写作秘诀就是剥离每一句话中的杂物,只存留其最洁净的部分。每一个无用之词、每一个在动词中已经表示其相同意思的副词、每一个使读者不知谁在干什么的被动语态结构——这些都是削弱句子力度的成千上万种掺杂物。"

斯蒂芬·金在《写作这回事》这本书中,同样反复强调了简洁的必要性,同时举了例子来解释怎样才是简洁的表达:

"把它放下!"她叫道。

"还给我,"他哀求,"那是我的。"

"别傻了,金克尔。"乌特森说。

而赘述的表达是:

"把它放下!"她威胁地叫道。

"还给我,"他凄惨地哀求,"那是我的。"

"别傻了,金克尔。"乌特森鄙夷地说。

看对话本身,我们依然能感受到说话者的语气及表情,但加上副词以后,不仅信息没有增加,还减少了读者对于人物的想象,成了一个寻常不过,完全没有画面的片断。

表达是训练思维的一种手段。好的表达,能让思考的强度得到提升。所以,有意识地使用简洁语言,训练好的表达习惯,是提升思维能力的法门之一。

2. 简洁不等于删减,而是更加丰富。简洁二字,很容易让人想到删减。但事实上,简洁不是删减,更不是变简单了。美国建筑大师赖特说,乏味不是简洁,简洁并不是要求一味地删减,而是某种合理的"适度"。通过对自己和他人的深入的了解,找到那个正好的"点",可以映射出最多的内涵,那就是简洁。

所以,简洁的关键点是"对自己和他人的深入的了解",以及找到正好的"点",做到了这两步,才是一切简化的前提。

对于简洁,语言学家季羡林先生,曾这样说过:"写学术论文,千万不要多说废话,最好能够做到每一句都有根据。我最佩服的中外两个大学者亨利希·吕德斯和陈寅恪就是半句废话都不说的典范。"

季先生之所以有这样的感慨,来自于早年他在德国哥廷根大学攻读博士学位的一段经历。那时,他一边读大学,一边研究某个课题,并以此为主题撰写博士论文。可让他没想到的是,他的导师瓦尔德·施米特读完后,在全文第一行第一个字的前面画了左括号,又在最后一行最后一个字后面画上了右括号,意思是全部删除。季先生花费了大量的时间与精力写出来的论文,就这样被否定了?

导师认为，这篇绪论虽然花费了大量时间，下了很多功夫，但全部都在引述别人的观点，重复别人的话，并没有提出自己的观点与创见，根本没必要写出来。而这篇论文，只用几句话就可以表达清楚了，因此它被否定了。从此，季先生牢牢记得了导师的话，以至于多年后他回忆这段经历，才能说出那样一番令人感慨的话。

而我们在写一篇文章时，往往也容易犯这样的毛病。所有的内容，不过是复述而已，即知识点的罗列。这源自对自己和他人不够了解，也没有找到那个"点"。因此，不妨试着简洁吧，哪怕用自己的话提炼他人的知识点呢。一步一步地试着训练，总能简洁表达。

除此之外，事物与事物、知识点与知识点之间，往往有共通之处，我们在发现共通之处时，只要对此进行总结，就能简化我们的语言。赖特说："任何孤立的事物自身都毫无简洁可言。一切事物只有被恰当地置于某个有机的整体中，才可能实现这个局部自身的简洁。"因此，碎片化的表达与碎片化的信息吸收，必然让我们的大脑看不到整体。当许多碎片呈统一状态时，简洁的语言自然就产生了。

在能总结出整体之前，我们手拿拼图，不断地寻找着下一块拼图，可这些拼图，有些未必是重要的信息，我们必须在众多信息中，找到既能与你原有拼板相连接又符合你构想的拼板，才能完成这一创举。这个游戏，既复杂又简单：复杂在于筛选有用的信息很难，简单在于只要看到了整体，一切将会变得更加简单、清晰。

◇提升维度，无解的问题才能解决◇

生活中，不是所有的问题都能得到解决。就像我们天生懒惰，无论花费多少力气解决这个问题，懒惰还是会发生，总会在不经意间又"附体"了。而减肥、爱情、销售等，更有许许多多无解的问题。事实上，这也并非不能得到解决，只是我们维度太低，换个维度，说不定就不是问题了。

◎这些无解问题你遇到过吗

无解问题之一：减肥。

我们身边总有几位乐于减肥的人。他们可能天生肥胖，有的并不胖但就觉得自己胖，于是开始了减肥之旅。大部分人减肥采用的方法有两种，一种是少吃，另一种是运动。最开始，无论少吃还是运动，总能保持。可时间一长，就开始控制不住自己了。

某一天刷朋友圈时，看到了朋友晒出的甜点、火锅、比萨饼，便再也忍不住了。这时，脑子里的小人开始打架，一个你说，不能吃，要减肥；另一个你说，吃一口又不一定胖，吃吧。然后你说，好啊，那就吃一次吧，就一次。于是，大吃一顿，体重很可能保不住了。

同样，运动也是如此。某一天下班回家很晚，第二天早上起来全身酸痛，实在不想起床跑步，加上早上的困顿，很容易放弃运动计划。

于是，你想到了报名加入网上的运动群，或者约上三五好友互相监督，一旦抓住对方多吃，或者没有运动，便罚款50元。坚持了一段时间后，你们突然想到了一个好点子，大家一起吃一顿，不就不用罚款了吗？

从此，减肥计划彻底破产。

无解问题之二：销售业绩上不去。

一个公司，或者销售人员，往往会遇到销售不给力的情况。产品不够丰富、客户需求总是无法满足、市场饱和难以推进，似乎解决了这个问题，销售业绩一定能上去。于是，销售人员向公司抱怨，希望公司能满足这些需求，多制造创新产品、满足客户需求，这样销售就能做好了。

而公司怨气也不小，因为销售不给力，公司业绩下滑，哪里有钱研发新产品？之前做出来的产品卖不出去，又会怪罪销售不给力。

于是陷入了恶性循环，销售不好，公司没钱研发新产品；

没有新产品，销售人员无法将产品卖出去……

无解问题之三：你总不陪我，还是分手吧。

男女谈恋爱时，男生如果工作忙，或者打游戏、见朋友，没时间陪女朋友时，女朋友会抱怨地说："你总是不陪我，还是分手吧。"

男生为了挽回女友，一般会道歉："别啊，我改。"

有了承诺行动上也就有了变化，一开始会花时间陪女朋友看电影、逛街。女朋友慢慢心情变好了，也开始体谅男生了。

男生见女友不生气了，生活逐渐恢复正常，他开始忙工作，或者继续约朋友，这时女朋友又开始抱怨了："你总是不陪我，还是分手吧。"

……

所谓无解问题，并不是大脑里常常想的问题，像"如何成功""怎样摆脱焦虑症""人生的意义是什么"……而是我们经常遇到、发生的问题。这些问题，关系着我们最基本的生活，看似奔波忙碌的状态，实则陷入了"因果循环"中而无法走出来。一件事来来回回，反复上演，直到最后一刻也没找到答案。

大部分人的时间和精力，都渴望消耗在有用的事情上，但无缘无故地还是会被无解的事情牵累。无论怎么向前努力，始终无法跳脱出来。这是因为，答案不在前方，所以一个劲地往前冲根本不管用。它需要你往后退一步,这样才能看到整个系统,找到问题的解决之道。

◎ 打破轮回,改变 + 改变

斯坦福大学精神科教授保罗·瓦茨拉维克在《改变》一书中,提出了一个能解决循环问题的办法,即第一序改变和第二序改变。

事情改变方式有两种:一种是不影响原有的模式,但仍做出了改变的方法叫作"第一序改变",也可以称之为"状态改变";另一种是改变模式,叫作"第二序改变",也可以称之为"模式改变"。

第一序改变:系统内部发生改变,改变状态,改变体验。

第二序改变:改变系统,改变模式,改变结果。

有时,面对第一序改变,我们往往很无力。这就像我们开手动挡汽车,在换挡之前先要踩油门提速,挂挡则是第二序改变。也像做了一场噩梦,在梦里被敌人追、被人砍、躲避等,都无法改变第一序,除非从梦中醒来,才能从梦里解脱出来。

因此,我们必须把握好第二序改变,这才是跳脱循环的关键。

破解问题一:不是少吃或运动,而是加速代谢。

在减肥的例子中，失败的主要原因是：大多数人选择了一种降低新陈代谢的方式减肥，这与目标背道而驰。

一个人每天吃得少，身体会意识到可能出了某些问题，便会降低新陈代谢。于是，吃得少，身体的消耗也会变少。接着会出现头晕、心慌、乏力等情况，帮你调节身体内部机能。等你忍不住饱餐一顿后，身体还处于调节后的状态中，它怕你再出现饥饿的情况，便把多余的食物存成脂肪，帮你慢慢消化掉。于是，你虽然仅仅吃了一两顿，但又变胖了。

你并没有变瘦，身体反而越来越虚弱了。

同时，运动也是如此，身体一直因你的改变而发生着改变。而真正有效的减肥，是提高新陈代谢，让消耗量大于输入量。像改变生活方式，让饮食、作息和运动统一。近期研究发现，充足的睡眠比运动减肥效果好。因此，寻找促进新陈代谢的方法，比仅仅运动、少吃有效得多。

破解问题二：不是销售额问题，而是目标问题。

公司抱怨销售，销售抱怨公司产品，似乎只有销售额才能解决问题。可是销售额怎么努力都上不去，这到底是为什么呢？

这并不是销售问题，而是定位问题。当客户定位不准确时，市场才会反馈种种需求，这些需求无法满足，销售额自然会下降。因此，没有清晰的定位，就等于销售人员在市场上不断地把客户不需要的产品推销给客户，产品没有竞争力，自然也会失去市场。

正确的做法是，重新调研，圈定市场的核心痛点，暂时不以销售额为目标，而是要盯着客户的满意度。这样，每个人都能跳出死循环。

第二序做了改变以后，无论公司和销售，都能根据客户的反馈对产品迭代，然后拿出市场上最有需求的产品。但如果看不到第二序，每个人会陷在第一序中，始终走不出来。

破解问题三：不是陪不陪的问题，而是要怎样陪。

在恋爱中，女生无论抱怨男生什么，假如进入第一序的死循环中，则必须从中跳脱出来。女生之所以抱怨男生，最大的原因是，恋爱一段时间后，最初的激情、浪漫、神秘感逐渐退却，再也找不到维持恋爱关系的方式，仅仅让一方感到舒服的方式，便是陪伴。

可是，另一方也会想，我已经那么累了，为什么不能给我留出一定的空间来，而要去"陪"你呢？不过，我们并没有想过，假如一起"玩"呢？我们本身都很累了，那么在一起彼此安慰、鼓励呢？就算一方累到不想动，让另一方看着你也很美好啊。

双方都不愿意去想，到底要如何陪对方，反复地用第一序的改变，来阻止第二序的改变。一场恋爱是两个人的互动，心智模式系统的反应,既然要恋爱,又不想要分手,就不要陷入轮回中。

有些人在择业中遇到了极大的困惑,他们常常不知道到底要选择梦想,还是选择一份工作来维持正常的生活。一方面,他们不甘心,用业余时间来做关于梦想的事,试图改变现状,但往往只有极少数人成功。其最重要的原因,业余时间忙理想,工作很难得到进展与提升,而做追求梦想的事,往往够不上十分专业。因此也没有成绩,渐渐会越来越迷茫,陷入死循环中。

一个真正成熟的人,并非要把梦想中的工作做得很专业,而是事事做得专业。他知道,梦想的路上,也会遇到许多挫折和困难,也会有不开心的时候。因此,无论工作还是理想,都离不开刻意练习的能力,而大多数人缺乏这样的能力。

如果没有意识到这个问题,选择什么都不会好。更可怕的是,一做关于梦想的事,就会上瘾自嗨,而不是让"作品或技能"在市场中接受考验。

人们常说,选择最重要。于是,大部分人会让选择代替努力,似乎纠结在理想与现实中,就等于找到了方向。NO!意识到问题所在,才是找到了一条路,沿着这条路走下去,才算是找到了方向。

不要在第一序上浪费时间了，这恰恰会阻碍你做出正确的改变。当一件事变成问题时，意识到问题所在，才能让无解的问题得到解决。

◇多系统层级，避免低层次的努力◇

不知道你有没有听过这句话："怕就怕成功的人比你更努力。"是啊，人家已经那么成功了，日程排得比我们满，见的客户比我们多，我们与成功人士的差距真的不是一点半点。可是，如果我们也能把日程排这么满，见这么多客户，是否就能与成功人士一样呢？答案是否定的。

在朋友圈里，我们不难见到某某成功人士一天日程的帖子，可是生活中，外卖小哥、快递小哥、建筑工人，甚至环卫工人，他们难道不努力吗？这并不是说，职业有高低贵贱，也没有看不起任何一种职业，而是想说明白，仅凭努力赚钱，是很难成功的。

那么，成功的人高明在哪里呢？事实上，成功的人是智力、资源和自我管理三者的结合，与努力本身关系不大。当我们总是认为，努力就一定能成功时，就陷入了"平面思维"中，往往会认为成功人士也是如此。

勤奋也是分层级的，第一层是：努力就一定能成功；第二层是：勤奋靠方法论；第三层：靠选择目标。对比勤奋的三个层级，很容易对比出自己在哪个层级中。不过，大多数人停留在第一层级中，还有一部分人着迷于方法论，而更多的成功人士，大多在第三层。但多数时候，人只靠一个层级也不能成功，试想，一个只靠选择做决定，但从不努力的人，他能成功吗？我想，也很难吧。

假如，你想快速学习、成长，一年内能小有所成，那么如何利用这三个层级达到自己的目的呢？

◎勤奋的第一个层级：努力

处在这个层级的人，往往有着知识焦虑症。他们认为，只要学习、努力，就能获得成长和进步，于是会空出时间、精力和财力来学习。他们往往相信鸡汤式的观点，习惯励志，不相信命运之说，愿意把一切交到自己手中。

但他们往往又会做出假装很努力的事。熬夜才证明自己努力了；读书才证明自己努力了；把时间留给学习才证明自己努力了……而忽略了，熬夜是否把工作做完了；读书是否吸收了知识；学习是否有所收获……

◎勤奋的第二个层级：方法论

如何更高效地利用时间？怎样才能保持碎片化学习？如

何找到更有深度的知识？如何把知识应用到生活中？如何跟成功人士学习？

第二个层级的人，更喜欢方法论，提出这些问题并解答这些问题，能让他们找到快感，以为自己离成功不远了。但事实上，今天遇到的问题，前人早就经历过，我们要做的并非找到更好的方法，而是学习。否则，大家为什么要买书来看呢？这也是在学习作者的方法。

好的方法论不是和自己较劲，而是简单地利用人性。当你懒惰的时候，去做就行了。这个方法是，当你发觉到自己在偷懒时，就知道自己要去做了，这时只要能说服自己就可以提升执行力。

真正的方法论，十分简单、易操作，并不复杂，主要还是与人性较劲。很多方法，之所以没有执行，就是压根儿觉得太简单，懒得执行。就像生气时，数几个数字就能把气压下去一样，可是往往在气头上，人们第一个反应是冲出去打，而不是将怒气压住。因此，像"如何更高效地利用时间""怎样才能保持碎片化学习"这类问题，只要去搜索文章，找到答案后按照步骤执行就可以了，完全没有必要自己花心思研究。毕竟，前人走过的路，我们照着学习就好，除非你的职业是时间管理、精力管理、学习管理等，必须要研究出新的方法，否则完全没有必要。

不过，对于方法论，还有另外一种人，他们也陷入迷茫中却无法自拔。

这些人上过很多课，读过很多书，知道许多个人成长的方法论。每当时间管理老师提出一个观点，他总能用其他的理论反驳，甚至举一反三，长篇大论地写出一篇文章来。这样的人，看似很努力，但越努力却迷茫，因为他发现许多方法彼此冲突，左右互搏，不知道到底该怎么办了。

看过金庸小说的人，一定熟悉《天龙八部》里的王语嫣。她识得各大门派的武功，表哥一边打架，她能一边指点或点评，但她却不能成为武林高手。而熟悉研究方法论的人，也很容易成为王语嫣，自己却没有执行力和精力管理能力。想要解决这个问题，就必须跳到第三层级上去。

◎勤奋的第三个层级：目标更少，战略勤奋

第三个层级的人，他们往往更善于在市场中找到自己的优势，会不断地问自己，到底什么是核心竞争力？我在市场中有什么优势？跟谁在竞争？这些优势会得到长期的发展吗？

放到市场中，对一件产品或作品，他们也会如此考虑，重心放到战略上："洞察客户、理解趋势、关注同行。"了解了客户需求，就能准确判断出市场，产品就会获得市场的

青睐；了解了趋势，才能在关键时刻引爆；关注同行，才会不断产生创意，用新的方式组合打败竞争对手。

当然，这一切只有想法是不够的，还要拿出大数据，以及掌握谈判的方法。这样，你的客户、上司或客户，才能被你吸引，遵从你的想法。因为他们相信，你比他们更了解市场，更了解客户。

没有长期的眼光，仅仅停留在管理技术、技能、板块上，短期有效，但长期却未必能得到好的发展，甚至会被更加专业的人士超越。

努力不一定有竞争力，而是眼睛看到了顶层建筑。有了这个能力，就能少做无用的事，找杠杆支点，撬动更大的可能。

◎ **多层系统交互使用，才能解决复杂问题**

有方法不努力，只能当个解说员；只有顶层眼光，没有方法论，又无法说服他人；只有方法论看不到上层建筑，依然无法成功。也就是说，想要做成一件事，仅仅停留在一个层级是不够的，重要的是交互使用，才能更省时间、提升效率。

1. 上层决定下层，目标决定方法。第二层级的人，除了方法，还会选择努力；第三层级的人，则会用方法论、努力。目标不同，方法不同，努力方式也会不同。

2. 向上层迈进，解决更多问题。努力没有收益，便会学习方法；方法论太多，又会重新设定目标。在多层系统里，每一层发生改变，都是下一层的第二序做出了改变。

不过，我们依然愿意停留在第一层级的"努力"中，因为这种方式最为简单，我们最为熟悉，同时也是让你感觉最为安全的。这部分好把握，总胜过去搞战略。殊不知，答案并不在这一层。

我们经常听到有人说："这个我做不到。"可是，真的做不到吗？他们并不是做不到，而是不愿意做，不想做，或者不想承担失败的代价。

有些事，你可能并不知道。一个人整天说自己"做不到"的时候，他的能力会越来越小，成为一个无助感很强的人；但如果他跟自己说"是我不想做的"，则会形成一个自我强化的过程，你不是做不到，只是不愿意，等需要的时候，至少可以拼一把。

因此，你最大的问题并不是"能不能做到"，而是"是不是重要"。同样的道理，很多人并不是没有毅力、技能，而是就内心而言，他认为自己坚持的东西不重要。像睡觉、吃饭这些重要的事，没人会落下。

一个人的成功离不开努力，当然也离不开方法和趋势。假如，努力了还是没有成功，那么就要去思考方法与趋势问题。

换个层级看问题，很容易找到自己的毛病。

◎ **层级困惑，不妨找找答案**

有时我们不是努力和方法出了问题，更不是眼光出了问题，而是陷入情绪中无法自拔。这时，不妨跳出来，看看自己的困惑到底在哪里。

1. 我在什么情绪中？当下的情绪能打出什么分值？（找出情绪类别）

2. 发生了什么？为什么被情绪影响了？尝试客观描述事情发生的经过。如果不能，还是会被情绪控制，那请返回第一层。（找到情绪背后隐藏的事实）

3. 我想要什么？情绪往往是对现实或自己的不满，通过了解情绪背后的事实，就可能发现产生情绪的原因。而我想要什么，则是设定了某些目标，两者对比，就能找到期望与现实的差距。

4. 我该如何做？找到了目标与现实的差距，就要正视自己，改变行动，减少目标与现实的差距。

总有人说，要有大局观，站在顶端看世界。但跳出来也并非那么容易，往往我们就在局中，所以，遇到问题尽量不断提醒自己，自己在局中，这是一个多层级问题，把层级扒开，可能就容易跳出来了。

◇思考有它自己的样子◇

一个人思考一个问题时,如果很快得到答案,那很可能说明这个答案并不周密,只是顾及了它某个侧面或局部。就像朋友圈里,一位朋友整天晒美食、漂亮衣服、休闲度假,我们很可能会认为她是一个有钱人,而且还有闲,但真实的情况未必如此。她可能每天工作量特别多,压力也很大,只是用偶尔的放松来犒劳自己。因此,若真要把一个问题弄清楚,这需要极强的逻辑思维,也只有少数人能做到这一点。可以说,一个人思考问题越周密,思考本身就越能长出独特的模样。假如我们不能复制他人的思考,我们是否可以照葫芦画瓢,学习他们的思考方法呢?

◎为什么我们思考总是不够周全

思考问题很难周全,一般是由几个原因导致的。

第一个原因是,我们容易被故事打动,偏好具体的形象。读到创业故事,就认为自己也能行,完全忽略了数量多得多的失败者。从统计学角度上来说,这些个例并不能反映大部分人的情况,但很多人偏偏更愿意相信那为数不多的可能性。

第二个原因是"证实偏见",意思是指人一旦对某个问题形成看法,接下来他所关注的信息往往是在佐证这个看法,而对相反的论据则会视而不见,因此就无法站在另外一个角度看问题。

第三个原因是,每个人受经验和感受限制,必定会存在思维上的"盲区"。而这些盲区深入骨髓,若不是在自身的经验中获得改变,人的思维很难发生变化。而对于未知的东西,人更偏重于自己的经验所得,每一个人都无法完全消除盲区,最多只能逼近无盲区的状态。

总体来说,人在思考时会被主观思想占据,会被个案吸引,会固执地捍卫自己的经验所得的观点,同时,对自己未知的领域毫无洞察力。为了克服这些毛病,我们需要为思考提供架构,提供支撑,来帮助我们思考。

◎ 画个矩阵图,直观地看到盲区所在

在日常沟通中,人们实际上常常驴唇不对马嘴,这是因为,一般人会认为"我知道的"应该"你也知道",所以在谈话中,大多没有背景解释,结果给对方在理解上造成了障碍。另一种人恰恰相反,会认为"我知道的"你应该"都不知道",于是把谈话变成了单方面的灌输与讲解,甚至炫耀,结果令对方不快。还有一种是,一个人根据个人经验在讲某

个问题，而另一个人却以其他方面的角度考虑问题，虽然在探讨同一话题，但依然是天壤之别。因此，画一个矩阵图，就能在交流时，提醒着我们哪些是我们未知的区域，同样在思考时，也能一目了然，帮助我们提升思考维度。（见下表）

	我知道	我不知道
别人知道	公开区	盲区
别人不知道	隐秘区	未知区

每一次交流，这四个区域都会发生相应的变化。而理想有深度的交流是，让公开区变大。这样不仅自己能吸收到知识和信息，别人也能与你顺畅交流。这样，隐秘区、盲区和未知区，也会相应地减少。

在未了解这个矩阵图之前，我们交流的观点，以及思考的方式未免流于表面，而有了一个简单的矩阵之后，我们能清晰地看出，到底还有哪些不足，因此我们的思考才会变得越来越周密。

◎ **图像，找到更多的信息**

人的思考有赖于记忆，而记忆不仅能存储信息，有时还能对信息进行加工。比如，人在阅读时，我们并没有对单个词或字进行理解，而是对整个句子的理解。而记忆还有一个特点，它同时处理的信息非常少。一旦处理的信息超过了记忆的容量限制，则会产生部分信息遗失或忽略，让思考陷入顾此失彼的情况。

与文字记忆、大脑的有限容量相比，图片则能承载更多的信息。人们在观看图像时，对图像中的信息处理是并行的，因此可以接收足够多的信息。而人在回忆或者构想某个图像时，会形成视觉表征，大脑在处理视觉表征时，会采用与观看图片类似的方式。因此，我们可以借助图片和图像，高效地处理信息，这对解决复杂的思考十分有帮助。

思考问题时，一个问题在大脑里反复思考，到底是抽象的。如果把它随手画下来，边画边思考就会诞生许多新思路。像许多电影导演，他们在拍摄电影前，会把分镜画出来，也就是将脑子里的画面在纸上画出来，等分镜足够多时，一部电影才算有了大的雏形。这时，再来拍摄，道具组、演员、摄像师等，也便知道要拍出什么样的效果了。否则，每个人按照自己的意愿参与到工作中，不免会出现混乱的情况。

而对于小说创作，表面上看是关于文字的创造，实际上，写作者往往都善于具象思考。文学巨匠马尔克斯，小时候经常画画，在他后来的写作中，他总是用图像来帮助思考，包括生活中的场景，也包括把做过的梦画出来。

法国当代数学家让－马克·德祖利埃说："当进入创造

阶段时，无论是独白还是对话，黑板都超越了它的思考工具的作用，成为一个真正的创造的参与者：它反映着图形，改变着思想，这证实了某位诗人的说法，'我写的东西迫使我思考，原来我远远不是在思考我当时正在思考的东西'。"

一张图片，一个图像，或者思维导图，并不简简单单地对思维做出了简化，而是在特定的空间内，思考者可以在这张图像上加入许多信息与节点。节点的特点是，模块化、可移动的。因此，你可以在图像上打乱、重洗、修改、组合和重新排序，发现更多的信息。

启功是我国著名书法家，早年他以国画出名，字写得比较难看。有人要收藏他的画时，他告诉对方不要让他题字，他要找一个书法写得好的人来题字。因为书法差，他觉得很没面子，便发愤图强苦练书法。于是，他成为一代书法家。

提到他练字的经历，他说，他最受益的书法练习方法，并不是求他人指导斧正，主要靠自己摸索。他说，他的方法比向王羲之、颜真卿请教还管用。

最初，启功向他人请教时，发现爱写篆书的人，会给他讲写篆书的方法；写隶书的人，会给他讲隶书又该怎样写；还有人专讲究执笔的，指点写时到底该怎样拿笔。他请教五个人，五个人的方法都不一样，有人说应该往东，有人说应该往西，往南或往北。而他写了字请人看的时候，发现也出现了同样的情况，有人觉得这一笔该长，有人觉得这一笔该短，反正说法不一。每个人有每个人的爱好，每个人有每个人的习惯，与其适应别人的习惯，不如自己适应自己的习惯。

后来，他找到了一个方法，便是把写的字贴在墙上。他贴的时候，从整篇字里，选出最为得意的一两个字贴墙上，过几天再来看，就发现，写得真不怎么样。于是，他不得不对这个字进行修改，思考要不要这里抬一点，这一笔再细一点，或者粗一点。等他改完了，再重新写一遍，然后贴墙上……

如此循环下去，一篇篇地看，一个字一个字地选，一笔一笔地改……临帖时也是如此，他将所临的碑帖和自己临的字都贴到墙上，并逐一对比，一目了然。当字变成图像，问题才更容易被发现。

用图像构建探索空间的方式，能让整个思考过程变得可见，不仅遗漏的部分会凸显出来，同时还能出现各种可能性，直到找到最终的解决办法。

◎ 清单，将思维不断拓展下去

如果说矩阵、图像能用来扩展并修订自己的思维，那么清单便是用穷举的方法来拓展思维。与图像和矩阵不同，清单是强制自己继续思考的工具，当你列出清单时，你必须对每一项逐一检视，并将其与标准指标进行核对。而一份好的清单，是经过提炼的框架，帮助我们的思考趋向周密。

关于清单的优点，说也说不完：

1. 清单是传递知识的一种方式；
2. 清单能减少遗漏；
3. 清单能减少不重要的信息出现；
4. 清单能成为个人的行动指南，培养行为习惯；
5. 清单能无限拓展，可反复完善；
6. 清单能找到某些事物的一致性；
7. 清单能抵御情绪化或非理性因素的干扰。

清单经常在我们生活中出现，像我们列出目标清单、日程安排清单等。但我们很少列出思考清单。如果我们分析问题时，没有列出清单，大脑很可能会一团糟，甚至理不清原本的思路，也看不到自己在某个节点上的思考是否浪费时间。因此，我们应该学会编制一份思考清单，帮助我们大脑提升思考的效率。

编制清单的方法，首先是先增后减，即第一步尽可能地穷举一切可能项，然后再根据需求进行严格筛选。在筛选时，最好用笔划掉，而不是为了纸张干净，重新列一张。

列完清单后，不要带着批判的眼光看它，而是对它保持客观的审视，否则主观心理将影响你做出精准判断。

清单未必是文字、数字，也可以是图像、矩阵图。将不同的图像、矩阵图进行对比，也能帮助你清晰地分析问题。

接下来，你可以再次对清单上的选项进行添加或删除，保留其中最有用、最有可行性，以及最为精华的部分。这时，你能看到问题大概的结构、雏形等，因此可以再次进行有必要的删减等，让清单越来越接近目标。

意大利学者翁贝托·艾柯写过一本书，叫《无限的清单》，该书中举了许多名画的例子，在这些画中可能有各种人物、动物、背景，乃至神灵的形象等，那么一幅画就是一个清单。所以这本书，就成了小说、诗歌、绘画、工艺品、百科全书、戏剧等多种文化内容的融合，而这种融合并没有违和感，即使差别如此之大，但只要进入了同一个清单中，就会具有形式上的统一感。

思考被列成清单，它就有了无限拉长的可能性；思考变成矩阵图，能让我们看到不同的维度；当思考变成图像时，就能启动我们的引擎，让思考不断去探索未知。虽然每一种都是思考的方法，但思考本身并不是独立的，生活中遇到的大大小小的事情，也会因地、因时而发生变化。因此，在使用的过程中，也不要拘泥于一种思考模式，可以将其"混搭"，可以两者组合，再或者发展出新的思考方式都有可能。那时，什么样的灵感、可能性都有可能发生。

PART
SEVEN

优化努力方式，找到正确提升自己的方法

◇站在哪里，决定你能成为谁◇

当你历经千辛万苦终于爬上珠穆朗玛峰时，你能被历史记录下来吗？我想，并不能。因为历史上记录的是第一位登上珠穆朗玛峰的人，而后来者大多没人关心。同样是站到了最高的山峰，为什么有的人成功了，有的人还是无名小卒？在之前的章节中，提到努力处在第一个层级，是最基本的勤奋。那么，你付出了同样的艰辛，还做到了同样的事，努力依然没被认可，是否不公平呢？这也很像别人发表了一篇文章，而你也能写出类似的文章却不能发表一样，让人觉得很不公平。

事实上，很公平。因为你不仅要站对位置，还要站对时间、空间，否则能模仿的人多了，凭什么在模仿者中胜出的是你呢？

在一个系统里，往往我们能记得的只是第一名，至于第二名，大多没人记得。因为，付出同样的努力，他的时间比你更早，他取得的成就也就越大。品牌第一名吸引的注意力能占到40%，第二名是20%，第三名则为7%至10%，其他人需要共分余下的30%的市场。也就是说，名次越靠前，越能带来关注度和品牌影响力。

除此之外，名次越靠前，系统越能产生正面反馈，微小的优势也能产生收益，带来更多的名声，名声带来更多的机会，见到更多的厉害人物，与他们互相交流学习，就能产生更高收益。于是，你可以投入更多资源，扩大优势与品牌，获得更高的增长率。

在我们生活中，那些优秀的人也是如此。他们一般是公司里的领导，能见到更多的大客户，大客户会吸引更多优秀的方案、策划，公司里的优秀员工为之服务，于是他也能得到更多的实践机会，在不断反馈中获得更多的进步。

因此，努力仅仅是一种方法，只有站对位置、时间和空间，才有机会成为名次靠前的人，并借助优势发挥巨大的效应。而落实到我们生活中，则是要去最热门的领域，见最多的前辈人物，积累资源，增长见识，才有机会慢慢变成第一名。

◎ 怎样才能站对位置，把握住时间和空间

"我想创业，成为新一代商界精英。"身边总有人这样说。

"那么，你接下来打算怎么做呢？"如果正巧这话被商人听到，他们一般会这么问。

"×××是我的偶像，我要学习他的管理方法，然后用到工作中。另外，我还会学习他的工匠精神，持续打磨自己的产品。"

除了商界外，我们想成为某个大咖，想成为某个领域的专家，一般也会使用这样的方式——向他学习。

可是，这样的学习真的靠谱吗？

可能并不靠谱。这就像前面讲述的，只看到了对方的努力和方法，却没有发现自己的时间和空间，是否适合复制。有些时候，技能不是重点，方法也不是重点，重点是你是否还有他那样的见识。

也就是说，虽然每个人会很努力地想成为业内最厉害的人，可是大部分人并没有见过"业内"，也没有见过"最好"的。这种场外奋斗者，因为站的位置不对，所以这种努力并非离自己目标越来越近。

可是，我们就是最普通的人，上的是普通院校，工作后任职一家普通公司，做着一份过得去的普通工作，水平处于中等，但我们却渴望成功。人人都有理想，有理想没有错，但是我们因为普通所以并没有先发优势，我们必须要懂得借力打力，利用"最好"效应，放大自身的价值与优势。

提到"最好"一词，有些人会开始琢磨当下商界大咖，想着他们的生意，以及如何才能赚到像他们一样多的钱。事实上，越是水平低的人，经验少的人，越会这么想，因为提到"最好"，他们只能想到这样的人。

说实话，这些人确实是很厉害，享受着最佳的资源，拥有最顶尖的技术人才。可是，这些跟我们有什么关系呢？他们很聪明，很厉害，对我们来说却帮不上任何忙。我们并没有进入他们的世界，所以谈不上有这样的优势。对于大部分人来说，我们只能从身边寻找优势和资源。

那么，这些优势和资源在哪里呢？

排名靠前的领域，有高价值区，同时也有低价值区。竞争力同样也有高优势和低优势之分。

在高价值区中，高优势的人一般是名校的优等生、风口上的领军人物、最热门电视剧的一线明星等。

在高价值区中，低优势的人一般是大公司里的小职员、名校里的"差"生、最热门电视剧里的小配角等。

在低价值区中，高优势的人一般是某个区域的小领头人物，某家公司的核心员工，偏门领域的大咖，是边缘群体中的中心人物。

在低价值区中,低优势的人一般是,小公司的普通员工,非核心产业,非核心岗位。竞争小,但最舒服。

每个人都想站到顶端,专注于做高价值、高优势的事。这看上去并非那么难,只要找准定位突击就可以了。但往往越是简单的道理,做起来越难,因为始终还是要跟自己较劲。因此,不是找到了这些区域,就等于成功了。还要遵守相应的法则,才能避免陷入误区。

◎ 找到少有人走的路

多数人的选择意味着安全,可成功者却是少数。这就像多数人处于低价值区的低优势岗位上一样,虽然不重要,但是足够安全,想要成为"最好",就要让自己成为那些少数者,远离安全地带,选择少有人走的路,在思想上,也不要与大众相同,要逆思维。

1. 从自身优势出发

在个人成长中,我们的规划里,离不开个人优势,往往会选择自己感兴趣的领域,这是个误区。

当我们还不了解一个领域,便确定了自己的优势时,这并不是真正的优势。场外选手,你怎么会知道这个领域如何,该跟谁竞争,你的优势又是什么呢?随着新媒体的崛起,很多人成了自媒体人，他们写文章，发表自己的言论，可大多数人失败了。因为，文笔再好，被放到巨大的市场中，优势依然很难被发现。优势不是入场后才逐渐知道的，而是在一场场"厮杀"中拼出来的。没有进入某个领域，你无法知道自己的优势在哪里。

除此之外，过去有优势，也不等于未来有优势。试想，十年前的热门行业，今天还有几个是领军行业？大学生毕业，往往会纠结，到底要不要找对口的工作。其实，过来人都有经验，工作两年后，发现自己曾经在学校里的专业和优势，根本不值得一提。保持更新速度，不固守过去的优势，要在市场中去寻找。

想要避免走入这个误区，须从价值考虑，即确定高价值，再考虑优势。

为什么大部分人不是先锁定高价值区呢？因为高价值区，让人望而却步，竞争激烈，远远没有低价值区来得舒服安心。因此，大部分人在困难面前退回来，给自己找了一个理由——"我不是做不到，只是不想去做"。

因为真的做不到，便给自己找一个借口，说明自己其实也行。但当大多数人这么做时，就注定会走向平庸。简单的道理大家都懂，可是鲜有人愿意去做。

一件事因为容易，所以做的人多，就像一件衣服便宜，大多数人为了省钱而去买。可真正的选择,是去做有价值的事,衣服要因为值得才去买。高手会暂时放下自己的优势,思考价值,他相信方向正确,努力、资源、技能、优势才能得到积累。不然,积累再多,也毫无意义。

2. 没找到优势,就已经入场

很多人还会走入一个误区,看到高价值区,立刻扑上去干,很少思考自己的差异化优势。如果第一个误区会让人故步自封,那走入这个误区就等于自我"毁灭"。

新媒体和内容创业成为热门领域后,无论有没有写过文章的人,都开了自己的自媒体平台。他们在平台上写日记、写诗、写散文,似乎只要做了就挤入了新兴领域,拿到了红利。但写了一个月后,发现除了朋友关注,很难吸引粉丝便放弃了。

学习写作不是一件坏事,写作是未来的核心技能,也是一种自我表达、修炼的出口和方式。但如果目标不是提升写作技能,而是想要赶上内容营销的红利,这就需要更加专业的知识了。

任何一个行业,人人都能看到红利的时候,这个领域的竞争已经进入了白热化的程度,细分领域已经有了最厉害的人,那是一群已经写了很久的人。这些人有一个共同特点:在过去这个领域中,他们有了相当多的知识的积累,在反复深耕后,所写的内容是经过思考和判断的,再加之过去的能力与资源，形成了竞争力。

而一个刚刚开始的人，随意地挤到这条赛道上，被淘汰是很容易的事。他们的入场，往往带有"再不干就错过了"或者"我也沾一沾红利的光"的焦虑。一个机会来临的时候，大部分人都有这种焦虑，这种焦虑的背后是思维的惰性。每隔几年，总会有一个新的领域出现，当你一波又一波地追求热门领域时，机会也慢慢地错过了。因为，你没有在任何一个专业上深耕，因此也谈不上竞争力。追上几波后，你已不再年轻，便真的再没任何机会了。

避免陷入这个误区的方法是，不要追随热门领域。一个领域价值越高，竞争越激烈，假如没有独特的优势，暂时不要出手。你可以观察对手，思考差异化优势，然后再考虑进入。

某个领域的大咖，往往会考虑很长时间，观察游戏规则、赢家的玩法、自己的实力等，然后以最佳的优势角度切入市场。所谓的处处是机会，未必属于你。因此不用着急出手，应该等待更大的概率。你更不要信"从头再来"这句话，至少在没有开始之前，不要说这句话，因为一场马拉松比赛，你不能永远只跑开头。

如果自己优势不足，就搞差异化；如果无法走向主战场，就在二线战场奋斗；如果靠综合能力无法胜出，那就细分一个领域，在小领域站住了脚，再去综合领域。

3. 眼高手低，认不清自己

每个人都认为自己很聪明，往往做决策时会放大自己的才能与才华。因此，常常犯的错误是，关注了一些距离我们太远的领域。网络时代，我们对外界了解得越来越多，眼界越来越开阔，于是就认为自己也能行。但这对于当下的你，是否有帮助呢？

近在眼前的许多事情，我们未必能看清本质，而一个离自己很遥远的领域，更是看不到真实的信息、对手，听到的讯息也大多来自于网络、书本，以及别人想让你看到的东西。这些信息无法确定真实性，基本没什么货真价实的用处。与其白费工夫，还不如从身边开始，找到自己的优势并发挥出来，这样才能避免走入眼高手低的误区。

你可以先在小团队里成为领导者，或者在三四线城市成为创业者。只有做到了小咖，才能继续向更大的市场冲刺。再小的系统，都能让你成为领头者，都能产生巨大的效应，推动你走向下一个系统。

你在最开始的时候，不要一下子就想着改变世界，做出最好的产品，应该先抢占距离自己最近的山头，通过这个山头给你全新的资源和视野，这样才有机会走入下一个山头。这种方法虽然很慢，但一直在往前走，一直在不断积累，胜过一下子进入一个完全不熟悉的领域。

◇长板与短板，突破最重要◇

在很早之前，流行"木桶理论"，即一个木桶所能容纳的水量取决于它最短的那块木板。对于木桶来说，这句话是对的，对于有些场景来说，这句话也没有错。像备战的考生，如果这个学生在某一门考试科目中成绩较差，那么就会拉低总分数。不过，这个学生步入社会以后，这个理论则有可能失效，因为拥有一项技能，可能会让他成绩突出，至于短板，有时显得不那么重要。

可能有人会说，现在流行斜杠青年，一方面的不足，很可能拉低总分数，更何况，任何一个领域都不是独立存在的，还需要其他技能的配合。像新媒体领域，除了写作，还要会排版、修图、了解用户痛点等，少了哪一项，平台都不会做好。这不正说明，一个人应该具备多方面才华，要尽力弥补自己的短板吗？可是，我们必须要知道，任何一个成功的人，都有一个最主要的技能或专长为前提，少了这个前提，也不可能成为一个优秀的人。而大多数人，往往会特别在意自己的短板，试图用拉高短板来提升自己的总分值，但这样能成功吗？

你的主要才华是写作，因为做了自媒体，便开始学习修图、运营等，于是大量时间花费在了这些领域，虽然这方面的技能有所提升，但写作上却迟迟没有进步，这会导致，喜欢你很久的粉丝因看不到你的进步，转而喜欢更加优秀的人。这并不是说，把短板拉高有错，而是要在拉高短板的同时，还要把自己的专长也拉高，这样别人才能看到你的优点。

◎ **职场中的木桶理论**

木桶理论最早应用于职场的团队管理中。对于一个团队来讲，决定绩效成绩的并不是组织中最强的那位成员，而是最弱的成员。因为团队中每个人都有明确的分工，分工一环扣一环形成了一个系统，所以某一个环节出问题，整个团队都将受到影响。因此，在公司中，大到领导高管，小到公司的普通职员，每一个岗位都不可或缺。于是，公司中越来越无法容忍能力不足的员工，在岗位招聘时，哪怕一个前台也要招到有明显优势的员工。又由于在公司中，现代分工越来越细，每个职业岗位所需要的技能是某一项专长，剩下的就交给另外的部门去做了。这让我们产生了一种错觉，以为在职场中，越来越不需要全面的能力。

在职场中，或许需要专才，就像同样是做新媒体，有人专门写文案，有人专门做美工，另外还有专业的运营部门，个人确实没必要成为全能型人才。但是，身为个人的话，一旦脱离职场，或者说想要有所成就，可能木桶理论就不适用了。

当下许多人很迷茫,不知道自己该做什么,有时想干这个,有时想干那个,一想到流行的斜杠青年,就更加迷茫了。于是,学来学去,样样学了三脚猫功夫,并没有拿出真正专注发展的才能和专长来。而对于背景一般,职业技能一般的年轻人来说,在资源原本就匮乏的情况下,更应该打磨一项技能,专心做好一件事,哪怕这件事看起来并不起眼。

◎打磨长板,直到被人看见

每个人都有许多爱好,并想为爱好付出时间与精力,可是一个人的精力毕竟有限,如果不专注,很可能永远在众多"爱好"中徘徊,从 A 领域跳到 B 领域,再从 B 领域跳到 C 领域……跳来跳去,最终也无法突破标准线,更到不了成长期。往往在一个领域,挖掘不了多久,便放弃了。反正爱好很多,尝试哪个不行呢?这样做的后果就是,你要与大量同样处于缓步起步期的人竞争那些最初级的工作,即使当下成功就业,也只能拿最低的薪水,去最没有前景的工作岗位。

于是,一个事实越发清晰明了,浅尝辄止的人没有前途,终将一无所获。

在我们生活中,不难看到这样的例子。有些人并不聪明,上学时成绩平平,在工作上表现也不够出色,但在他面前有一个机会,抓住后便投入进去,坚定不移地一直努力,结果还真做出了一番事业。站位、方法固然重要，但最终都离不开专注的努力，这是基本。而那些聪明人反而失了根本，因为聪明所以选择多，这种选择越多越迷茫，始终无法确定下来，最后反而一事无成。

这时，你可能会说，我有明显的短板，导致我做事力不从心，难道我不应该改进吗？事实上，遇到了不同的问题，就需要不同的方法。而一味地改进短板，未必最有效。

假如，你现在是一位创业者，在创业过程中遇到了问题，你的产品、技术、团队能力超强，但运营、营销方面存在短板，那你想要提升短板，必然是自己的团队人员，开始学习不擅长的领域以此来弥补短板。这么做，能起到一定的作用，但不如与擅长运营、营销的团队合作，这样成功才能来得更快。

乔治·莫舍毕业于哈佛商学院，他创立了国家商务家具公司，毕业50年时，他被邀请到哈佛做访谈，在被问到给年轻人职业上的建议时，他是这样说的："仔细考察自己的优势和劣势。利用自己的优势努力工作，通过与人合作来平衡自己的劣势。回避在很多不同方向上空耗精力。保持专注，把自己能做的做到最好，并时刻留意新的机会。"

人无完人，做事也不可能十全十美，自己需要提升的方面太多，而自己的精力却是有限的，找到自己的优势并发挥出来才是上策。不过，话又说回来，假如你没有优势，对方又怎么会跟你组队，一起合作呢？

◎ 努力的第一步，是舍弃

一个人时间和精力有限，即使做一件事，都未必能做到完美，更何况同时做几件事呢？所以，努力的第一步，是选择一件你认为重要的、对你来说最有价值的事把它做精、做细、做好，并优化成自己的优势。其他方面暂时舍弃，把主要优势先培养出来。

具体来说，假如每天有10个小时的学习时间，你可以用"二八"法则，即8个小时把精力放到你专注的主业上，在这个时间里，要屏蔽外界的干扰，不要让社交媒体、杂七杂八的事影响到你；而其余的两个小时，便可以自由学习，接触其他不同领域的知识，学一些小而美的技能。

胡适先生曾经写过一篇文章，叫《差不多先生》，文章中虚构了一位差不多先生，这篇文章里有一句名言："凡事只要差不多，就好了，何必太精明呢？"而他对这位先生的描述，与我们很多人有着相似的脸谱："差不多先生的相貌和你和我都差不多。他有一双眼睛，但看得不是很清楚；有两只耳朵，但听得不很分明；有鼻子和嘴，但他对于气味和口味都不很讲究。他的脑子也不小，但他的记性却很不精明，他的思想也不很细密……他的名誉越传越远，越久越大。无数人都学他的榜样。于是人人都成了一个差不多先生。"

年轻人最容易犯"差不多先生"的毛病，明明知道要专注，可心里还是有一些小九九，希望敲一敲别的鼓。假如不急于求成，人生之路可能会好走很多，才能也更容易得到发展。当然，少不了配合那些方法，这样才能将一件事做到顶尖，做到极致。

◇任何努力都需要迭代◇

刻意练习一词，成了当下自我管理的必用名词。如果没有刻意练习，那将陷入低效率的勤奋中。不过，很多人并不太去刻意练习，因为有时这样也能成功。于是，努力就分成了两种，一种是在努力中找到制胜的方法，一种是刻意练习。

说到非刻意练习也能成功，往往很多人会好奇到底是什么样的方法。我想，这种努力很多人一定经历过，就是努力寻找灵感。那些艺术家、作家、画家，他们的成功离不开灵感的降临。一个好的灵感，确实能为一个作品带来价值，但每一次都靠灵感，就永远无法打磨手艺。哪天灵感用完了，职业生涯也就走到了尽头。一位作家第一本书写得很好，之后便再无佳作；一些乐队的专辑让人惊为天人，后来却再也没有作品给听众……

灵感这种东西，是没办法刻意练习的，因此也没办法在原有的基础上打磨升级。有人问过某位著名的相声演员："您说相声这么多年，不怕有一天江郎才尽吗？"

这位相声演员说："我们讲相声，学的是技术，练的是手艺啊。这跟炸油条一样，一个炸油条的会担心自己江郎才尽吗？把相声当手艺，不当才气，才气会尽，手艺只会越来越精进。"

反观那些经常出专辑的歌手、每天坚持写作的作家、坚持画画的画家……他们的作品，不一定靠灵感，而是靠大量"生产"，持续出新来打磨手艺，反而得到了长青。

提到某人才气十足，有天赋，有时并不是好事。因为坚持靠天赋和才气的人，很容易让职业发展走向"断崖式"下滑。因此，你才气十足不要得意，最好还是要当成手艺，持续练习。如果你是普通人，那更不用担心自己才气不足，也不用气馁自己没有天赋，把技能当成炸油条坚持炸下去。

◎不贪多，只胜你一点

提到竞争对手和自身的竞争力，人们往往在脑中会把自己夸大，甚至觉得要超越很多很多才有机会胜出，其实不然，你只要胜出一点点，就已经赢了。

韩国围棋手李昌镐，十几岁就已成为世界冠军，是一等一的高手。与其他围棋手不同的是，他极少有妙手。妙手是指围棋中精妙的下法，有时候，一着妙手能扭转败局，或解开困境，甚至一招制胜。

每个围棋手都把注意力放到了妙手上，而他的做法引来很多人的不解，他从来不使用妙手。有一次记者问他这个问题，他说："我从不追求妙手……每手棋，我只求51%的效率。"

只求51%的效率，什么意思？在围棋中，棋子效率越高越占优势，高效行棋，是棋手所追求的目标。接着，他又说："我从不想一举击溃对手。"

一般围棋有200至300手，每手51%的效率，便是指有一半以上的成功率，这些积累让他到最后胜券在握。

难道，追求妙手不好吗？至少能反败为胜啊。

妙手确实有用，但他是稳扎稳打型，每次只赢"半目胜"，人们在追求一击致命时，自己恰恰最不冷静，假如妙手用得好，便会骄傲放松警惕，以为自己稳赢，但这种松懈很容易一脚踩空。

与其追求一招鲜，不如稳稳地、如履薄冰地日拱一卒来得踏实。

众所周知，二八法则，事实上，这种不贪多的方式，正是切准了大多数人的心理。当人人追求一招鲜时，你也追求一招鲜，未必更有优势，换个打法，就能让对手头疼。

◎ 不停迭代，刻意练习

各行各业的高手，他们的玩法有时看上去并不新奇，不过是一次又一次重复之前的套路，但因为方法太普通，往往在技术上不会得到人们的关注。而新手介入一个行业，总想出奇制胜，不过，也只有新手才看胜负，高手更看重的是概率，因为他们知道，所有的大胜都是细小的优势迭代形成的。

曾国藩打仗，从来不硬攻，而是"守拙"，不取巧，不想着四两拨千斤。他就是用最笨的方法一点一点蚕食敌军。

具体如何做呢？

举个简单的例子。某个湘军首领接到任务："命尔领军十万速速拿下南京城！"照普通的打法，肯定带领军队展开攻势，是输是赢先打了再说。而曾国藩的做法是，来到南京城下，不进攻，先安营扎寨，再探测地形，找到对自己最有利的地势。比如，最好是背山靠水。

之后，他便命军队的兵卒立即修墙挖壕，且限一个时辰内完成。墙高八尺厚一尺，用土块筑成。壕沟深一尺，以防步兵，而挖壕沟时的土还要搬到两丈以外，以防敌军将土回填到壕沟内。在壕沟外是花篱，花篱要高五尺，其中两尺埋入土中，花篱设置了两层或三层，用来防御敌军马队。

曾国藩的打法，与许多军人不同，并不是先攻击，而是先做好防守。这种打法太平军很痛苦，不管他们多么骁勇善战，都拿湘军没办法。当太平军满腔热血地想决一死战时，湘军却在埋头挖坑，根本不准备跟你硬碰硬。但是，太平军一旦攻击过来，湘军一轮火枪就能将太平军打退，一看太平军不攻击了，便继续挖坑。

扎一天的营就挖一天的坑，慢慢地往前蚕食每一寸土地。所以，湘军的制胜法则并不是什么智取勇夺，而是用一两年的时间，不停地挖下去。一道又一道防线，圆圈套圆圈，一直到南京城内弹尽粮绝，便轻松攻克了。

曾国藩的打法，便是不停迭代，刻意练习。每攻打一个地方，他们便挖坑先做防守。《孙子兵法》说："昔之善战者，先为不可胜，以待敌之可胜。"意思是说，从前用兵打仗的人，先要创造不被敌军战胜的条件，来等待和寻求战胜敌军的时机，使自己不被敌军战胜。落实到实际生活中，便是在专业技能上一点点进步，并保持刻意练习。因为没有刻意练习（警惕心），很可能让敌军有隙可乘，将你攻而克之。同时，刻意练习还指你对自己的警惕心，确保自己在进步和往前推进。毕竟，专注地打磨一件事，并非像挖壕沟那样简单，每挖一下就前进一步，而技能的提升有时练习半天，也未必能有进步。因此，"刻意"一词，才是进步的关键词。

◎张弛有度,保持平稳的节奏

生老病死、阴晴圆缺,是大自然的规律。而我们也常常会心情不好、兴高采烈、激情满满……人最难控制的,就是自己。在刻意练习时,如何保证每天都进步呢?

斯坦福大学商学院教授柯林斯在《选择卓越》中,讲述了一个"日行20英里"的故事。这个故事,教会我们到底该如何努力。

1911年10月,两位探险家同时瞄准了南极点,渴望到达那个地方。这两位探险家分别是来自挪威的阿蒙森和来自俄罗斯的斯科特。他们兵分两路同时出发,竞争第一个到达南极点的荣誉。当年12月15日,阿蒙森成功地把挪威国旗插在了南极点。而斯科特的队伍在探险过程中,全部不幸遇难。一个人成功了,另一个人却一败涂地,我想任何一个人都想知道为什么。面对同样的环境,为什么阿蒙森能战胜困难呢?

在《选择卓越》这本书中,柯林斯说:在整个探险过程中,阿蒙森一直坚持持续推进的原则。在好天气时,他绝不会走得太远,以免筋疲力尽;在遭遇恶劣天气时,也坚持前进保持进度。每日的行程安排中,他的探险队保持15至20英里的进程(约24至32千米)。

而斯科特探险队却恰恰相反，天气好的时候，他让队员们全力以赴，而天气不好时，就躲在帐篷里抱怨自己遭受困难。

因此，柯林斯对"日行20英里"的总结是：

1. 在逆境中，这样做能对自己的能力保持信心；
2. 在遭遇破坏性打击时，能减少灾难发生的可能性；
3. 在失控的环境中，还能保持自制力。

我们做一件事，往往先想好的方面。比如，每天训练技能3个小时，然后自己设定完就以为自己能做到了。不得不说，有信心和心情设定目标时，大多是精力绝佳的时刻，这种行为带来的后果，便是破坏你的自制力，不仅如此，它还会破坏你的心态和预期。当你遇到"困境与灾难"便会抱怨命运不公，或者自己状态不对，因此而放弃努力。但技能的提升没有侥幸，只有在任何严酷的情况下都保持推进，才有机会找到生存之路。

精力旺盛时，为状态不好时节省体力与精力；精力差时，保持刻意练习，一点点推进迭代手艺才是王道。无论你的敌手多么有灵感，多么有才华，你都可以像曾国藩一样，埋头挖自己的壕沟，专注地死磕。

集小优势才能成大力量，这是一场长期的战争，要做好打持久战的准备。

◇兴趣，是不痛苦学习最好的老师◇

当一件事，需要长期坚持下去的时候，我们往往喜欢说："要有意志力哦！"好像只要有了足够的意志力就一定能坚持到底一样。假如中途放弃了，肯定觉得在意志力上出了问题。事实上，意志力是一件特别不靠谱的事，越是强调它，依赖它，中途放弃的可能性就越大。因为意志力就像一根绳子，越是拉得紧，就越有可能绷断，最终放弃。

而那些能坚持长期做一件事情的人，靠的并非意志力，而是这件事给了他极大的满足感和丰盈感，除此之外，这件事一定萦绕在他的心头，让他不做反而难受，这种欲罢不能的态度非兴趣莫属。当你对一件事情有兴趣时，谁也阻止不了你去做。这就像我们对手机、游戏有兴趣一样，没谁能阻止得了我们热衷于打打打刷刷刷。

不过，不得不说的是，有时工作枯燥无味，实在难以让人提起兴趣；就算做的是自己喜欢的领域，一想到用专业来要求自己，也会失去兴趣的快感。就像唱歌的人，唱歌是业余爱好时可以随心所欲，管他是否跑调，但如果想要成为专业的歌手，则会对每一个发音反复练习，讲究音乐的起承转合，以及情感的配合等。因此，许多人不论怎么努力，过不了多久，最初的激情便会消失殆尽。我身边有很多人，兴趣换了一个又一个，就是因为兴趣越深入，发觉越枯燥无聊便放弃了。

话又说回来，如果一件事总是浅尝辄止，不去做深入的了解，也无法体会到这件事好玩的地方，当然也无法产生兴趣。这便让人陷入了恶性循环中，了解不够兴趣无法建立起来，没有兴趣又无法加深对它的了解。

事实上，任何一件事，都是有门槛的，在门槛之外是枯燥与无味，跨过这个门槛，真正的兴趣才能培养起来。

◎ 打破轮回，做第二序改变

改变这种循环，最好的办法是做第二序改变，即放弃对"兴趣"的执念，从技能方面培养兴趣。你要做的并不是体会"兴趣"中的爽感，而是找到进步的"爽感"。宁可笨一点，慢一点，进步就是你的目标，没了高期望，也就对这件事没了期待。而那些有挑战的事，或者看上去有意义的事，要暂时放下，不追求完美，坚持"努力"本身，感受"努力"本身带来的成就感，就能打破这个恶性循环。

第二步是，保持觉知，即尽量让自己全身心投入到当下的工作中，保持觉知的状态，知道自己在做这件事，用心去感受当下的状态，不再只是冰冷的手头功夫。以写书法为例，我想多数人在写字的时候，手与脑是断层的，一般是一边看着要临的字，大脑里想着另外乱七八糟的事，一边是手在一笔一笔地练习。靠意志力坚持确实很无聊，但如果把心思拉回来，放到你的笔端，注意笔的弹性，每一笔线条与纸划过的感受，以及线条与空间的组合，写字就能变得有意思起来。因为你会发现，每一个字都不同，而你笔下的线条更是千变万化。不用心，你根本无法发现这种变化，只知道一遍又一遍地重复写同一个字。

三是增加互动，将单向的信息流动，改为双向的信息演绎，或者将书本上的知识变为技能上的操练。假如你在书上读到了某个知识点，可以想办法把它切入到技能的提升上来。虽然两者可能并不相关，但还记得头脑风暴吗？没有什么不能成为你的创意，不能成为提升自己的法门。当你开始这样思考时，除了能把原有的知识吸收，记得更加牢固外，还能让自己思考和分析到底什么样的知识对提升技能有用。这时单向的知识接收，就能变成主动的思考训练和技能训练，慢慢就能找到兴趣。

◎ **不要被动，要主动**

钻研的过程中，如果处处束缚，处处掣肘，即使起初有兴趣，这种激情也会很快被消磨掉。当自己能施展的空间大，那很容易让兴趣保持下去。在心理学中，有一个著名的理论叫"自我决定论",是指人有三种基本心理需要,即自主的需要、能力的需要和归属的需要。如果一个人的这些需要能被满足,便会更加主动、积极和愉快地投入到一件事情中。其中,自主性十分关键,自主性越强,就越能激发兴趣。

不过,自主性与懒惰是一枚硬币的两面,提高了自主性,就等于在某件技能上找到了乐趣。电脑极客李纳斯在自传《只是为了好玩》中写道:"计算机科学和物理科学有不少相似的地方。它们都是在一个非常基础的层面上,探讨整个学科的运作原理。当然,不同的是,在物理科学上,你得去弄清楚这个已存在的世界是如何正常运转的;而在计算机科学上,你得从零开始创造出一个新世界来,而且还得设法让它正常运转。在计算机的世界里,你就是创世者,对这个世界里发生的一切都有最终决定权。"

正是因为计算机世界如此自由,所以极客们才喜欢计算机技术。

不过,并不是任何领域都能有这样的自由。假如你有一个老师,老师要求你必须这样做,或那样做,这种自由的快感就减少了。即便如此,身为学生依然可以保留独立思考的权利。

程砚秋自小家境贫寒,6岁就投入到荣蝶仙门下学习京剧。荣蝶仙带徒弟出了名的严厉、要求严格,打骂学生更是常有的事。程砚秋是一个能吃苦的孩子，学起功夫来一丝不苟。但是，程砚秋有时却也有自己的主见，当他觉得师父说得不对，或者某些细节让他琢磨不透时，他便独立思考，自己寻找方法。有一次，荣蝶仙教他练习青衣旦的步法，这个方法是手捂着肚子、压住脚跟、来来回回地走，师父说这样的步伐走出来的姿态才能体现出青衣的端庄与大方。

可是，程砚秋却不这么认为，一个人捂着肚子走路，如何凸显端庄大方呢？这个疑问一旦产生，便留在了他的潜意识里。有一次外出，他正在路边走，无意中看到街上抬轿的轿夫，步伐稳健，便心生好奇一路追着观察，这一跟就跟了好几里路。突然，他灵感乍现，何不试试按轿夫的步法练习呢？有了这个想法，他回去后便开始练习起来，这一练就发现效果不错。没过多久，他又请教其他京剧老师，学到了新的方法，一种头上顶一碗水的碎步练习法，经过反复练习后，他上台演出的反响也比原来捂腹的方法效果好。从生活中观察现象，再到做试验请教他人，便完成了一个自主探索的过程，他一次次被肯定，也给了他极大的自信，让他对京剧这门艺术越来越热爱。

妨碍我们自主探索的原因是，"老师"的教条，束缚住了我们的手脚。让我们总以为，这是标准和准则，不可以被打破。但真正有经验的人知道，有些教条不过是讲出了一些大原则，在某些情境下可能有用，但并非只有这一个道理。书法家启功就批评过学习书法的教条，认为这是在误事害人。一支毛笔如何拿、手指必须摆放到哪里有一定的标准吗？临什么帖、学什么体、用什么纸和笔，更没有一定的规则。可是，多数人觉得这是"法"，不能被打破。

◎ 兴趣另类培养法

现在这个时代，有些人兴趣多到数不过来，可也有些人患上了"兴趣饥渴症"和"兴趣寡淡症"，即不知道自己到底喜欢什么，做了很多尝试，但依然提不起任何兴趣。对什么都没兴趣，这种态度自然很难保持专注。面对这种情况，治疗的方法不如先从感观培养开始。

感官刺激能使我们对某些事物有感受，这种感受继续而为兴趣。像绘画、养花、做美食……因为被感官刺激，觉得"萌萌哒"便心生热爱。在某些自媒体平台，有些人垂直的领域是多肉、美食、宠物等，他们的兴趣吸引了大批粉丝的关注。也有些人，喜欢看直播，便想着自己也做直播，这些兴趣都能转化成你的兴趣。当然，你说我的兴趣是打游戏，这并非不可以，你可以去游戏公司发展，依然能找到你的价值。

你只有有了兴趣，才能产生行动，对某个领域不断探索下去，通过学习变成能力，通过能力获得高价值，在价值中找到最有力量的管理技术。

在某个自媒体平台上,有一位80后年轻人,他上大学时所学的是与家畜相关的专业,毕业后在一家关于猪的疾病治疗与饲养的杂志社上班。本来,他并不喜欢猪,也觉得自己的工作十分无聊,但因为工作稳定收入不错,一做就是好几年。

后来,随着自媒体的发展,他对自媒体产生了兴趣。凭借着对新生事物的热爱,他总想写点什么。可是这些年,他除了对猪有研究,其他的并不擅长,于是,他想要写关于猪的疾病治疗与饲养,这不就是现成的内容吗?

有了这个想法,他逐渐从编辑走向写手之路。为了写出有价值的内容,他开始翻关于猪的资料,对国内外关于猪的信息、饲料、疾病、药品等逐一做了研究。他这时才发现,原来猪很有意思……如今,他除了工作,自媒体做得也不错,在垂直的领域里做得风生水起。

我们在兴趣面前败下阵来,往往太想"有用"了。你喜欢唱歌,就想立刻变成歌手;你喜欢写作,就想马上出书当作家;喜欢美食,就想发布视频教材流程,成为大V……慢慢因为内心的愿望没有达成,兴趣也变得索然无味。其实,在刚产生兴趣时,往往不要太追求"有用",而是趁自己兴趣还未消退时,尽最大的努力,掌握更多的知识,让自己的兴趣变成自觉追求。等有了一定的积累,再来考虑价值兑换,则更有保证。

兴趣需要饲养,像喂一头小猪,先喂饱了再说,只要不断喂下去,总有长肥的一天。

所以,无论做什么事,你可以先热火朝天地做起来,很投入、专注地去做,尽可能地把被动变为主动,那么你将在不知不觉中跨过"枯燥"这道门槛,直接走向深入区。这时,你对这个领域已经有了足够多的了解,便会越做越想做下去。

与其让意志力牵着走,不如让兴趣牵着走,因为,兴趣才是最好的老师。

图书在版编目（CIP）数据

强力消除拖延症 / 席跃著 . — 北京：人民日报出版社，2018.8
ISBN 978-7-5115-5544-1

Ⅰ. ①强… Ⅱ. ①席… Ⅲ. ①时间－管理－通俗读物 Ⅳ. ① C935-49

中国版本图书馆 CIP 数据核字（2018）第 136646 号

| 书　　名：强力消除拖延症
| 作　　者：席　跃

| 出 版 人：董　伟
| 责任编辑：程文静
| 封面设计：繁体字设计工作室

| 出版发行：人民日报出版社
| 社　　址：北京金台西路 2 号
| 邮政编码：100733
| 发行热线：（010）65369509　65369527　65369846　65363528
| 邮购热线：（010）65369530　65363527
| 编辑热线：（010）65363530
| 网　　址：www.peopledailypress.com
| 经　　销：新华书店
| 印　　刷：北京鑫瑞兴印刷有限公司

| 开　　本：880mm×1230mm　1/32
| 字　　数：150 千字
| 印　　张：7.5
| 印　　次：2018 年 11 月第 1 版　2018 年 11 月第 1 次印刷

| 书　　号：ISBN 978-7-5115-5544-1
| 定　　价：45.00 元